Pusteblume

Das Sprachbuch 3

Neubearbeitung

Herausgegeben von Wolfgang Menzel

Erarbeitet von
Christel Jahn, Frankfurt
Wolfgang Kunsch, Harpstedt
Wolfgang Menzel, Wedemark
Elke Schnepf-Rimsa, Heidelberg
Brigitte Schulz, Dieburg
Christina Schulz, Bonn
Sabine Stach-Partzsch, Südlohn
Katja Vau, Köln

Unter Beratung von Gabriele Ruhl, Pfungstadt

Illustriert von
Matthias Berghahn, Martin Bernhard,
Angelika Çitak, Susanne Göhlich,
Marie Hübner, Stefanie Klaßen,
Bettina Kumpe, Susanne Schulte

Schroedel
westermann

Inhaltsverzeichnis

Im Buch stöbern

A wie Anfang

Werkstatt: Lernen

Werkstatt: Sprechen und Zuhören

Werkstatt: Texte verfassen

Werkstatt: Richtig schreiben

Auszeichnungen der Seiten „Übungskisten", „Was kann ich nun?":
◇ **Anforderungsbereich 1:** reproduzieren, wiederholen, wiedergeben
◇◇ **Anforderungsbereich 2:** anwenden, Zusammenhänge herstellen

Werkstatt: Sprache untersuchen

Ich – du – wir

Wetter und Wasser

Essen und Trinken

Meerestiere

Alles verändert sich

Bücher und andere Medien

Das Jahr

Anhang

◇◇◇ („Übungskiste“, „Was kann ich nun?“) **Anforderungsbereich 3:** eigenständig produzieren, beurteilen, reflektieren; eigene Meinung bilden; eigene Lösungswege finden
goldene Aufgaben/Wortmaterial (alle Seiten): Zusatzaufgaben, Zusatzwörter, Zusatztexte

Im Buch stöbern

1 Welches Kapitel beginnt auf Seite 92?

2 Auf welcher Seite beginnt das Kapitel **Bücher und Medien**?

3 Wie heißt die Überschrift von Seite 114? Zu welchem Kapitel gehört die Seite?

4 Wie heißt das Mädchen auf Seite 22? Worum geht es auf dieser Seite?

5 Suche diese Bilder.

Zu welchem Kapitel gehören sie?

6 Auf welcher Seite ist dein Lieblingsbild? Zu welchem Kapitel gehört die Seite?

1 Lest euch die Karten durch, die an der Pinnwand hängen.

2 Beantwortet die Fragen.

3 Stellt euch gegenseitig ähnliche Fragen.

7 Wie viele Bilder sind auf Seite 129? Wie heißt das Kapitel?

8 Über welches Tier gibt es einen Steckbrief in der **Werkstatt: Lernen**?

9 Wie heißen die zwei Fantasiewörter in der **Werkstatt: Richtig schreiben** auf Seite 53?

10 An wen schreibt die Klasse 3b einen Brief? Schau in der **Werkstatt: Texte verfassen** nach.

11 Auf welcher Seite beginnt die Wörterliste?

12 Wie heißt das letzte Wort mit **F** in der Wörterliste?

4 Suche diese Besonderheiten im Buch:

Strategie

Merksatz

In einer Sprechblase stehen wichtige Tipps.

Eine Zusatzaufgabe hat eine goldene Nummer: **5**

Zusatzwörter oder Zusatztexte haben eine goldene Farbe.

A … wie Anfang

Schriften

1 Lies dir die Texte der Kinder durch.

Im Schwimmbad
Vanessa war mit ihrer Freundin im
Schwimmbad.
Zuerst lagen sie in der Sonne.
Dann sind sie ins Wasser gesprungen.

Im Schwimmbad
Vanessa war mit ihrer Freundin
im Schwimmbad. Zuerst lagen sie
in der Sonne. Dann sind sie ins Wasser
gesprungen.

Im Schwimmbad
Vanessa war mit ihrer Freundin
im Schwimmbad.
Zuerst lagen sie in der Sonne.
Dann sind sie ins Wasser gesprungen.

2 Vergleicht die einzelnen Buchstaben und Schriften miteinander.
Was fällt euch auf? Sprecht darüber.

3 Suche dir einen kurzen Text aus. Schreibe ihn in deiner Schrift ab.

4 Markiere in deinem Text die Buchstaben und Wörter,
die du richtig gut lesen kannst.

- Anknüpfung an Vorwissen
- Individuelle Handschrift entwickeln

▸ Arbeitsheft: S. 4
▸ Förderheft: S. 4,5
▸ AH inklusiv: S. 4

Geheimschrift

1 Wie heißt der Satz?

2 Schreibe deinen Namen in der Geheimschrift.

3 Schreibe einen Satz in Geheimschrift auf. Lass ihn dir von einem anderen Kind vorlesen.

4 Erfinde selbst eine Geheimschrift.

Wörter bilden

1 Setze die Anfangssilben mit Endsilben zusammen. Schreibe die Wörter nur in jede zweite Reihe in dein Heft. Stunden, …

Anfangssilben

STUN-	KAS-	STAR-	BRIL-
STAN-	FIN-	WUN-	KLAS-
LAN-	KAR-	PIL-	SCHLAN-
SPRIN-	TAS-	GAR-	ZAN-
VER-	HIN-		

Endsilben

-DEN	-TEN
-SE	-GEN
-LE	

2 Male Silbenbögen unter deine Wörter und markiere die Selbstlaute rot:
Stunden, …

3 Suche Reimpaare und schreibe sie in dein Heft:
Stunden – Wunden, …

4 Bilde mit den Anfangs- und Endsilben Witzwörter. Was könnten die Wörter bedeuten?

Schlanten sind Schlangen mit einem Entenschnabel.

5 Suche Wörter, die diese Endsilben haben und schreibe sie in dein Heft:
rasen, Fliege, nehmen, …

-sen   -ge   -men

- Anknüpfung an Vorwissen der Klasse 2
- Wortbildung üben

- Arbeitsheft: S. 6
- Forderkartei: Nr. 8
- AH inklusiv: S. 6

Schüttelnomen

1 Lest gemeinsam die Schüttelnomen.

Bese**l**uch, **Z**annen**t**apfen,
Wuckerzatte, Begenrogen,
Plokapier, Weiserecker,
Tüllmonne, Lasennoch,
Taushür und Woozärter

Sterde**pf**all, **Z**ug**fl**eug,
Vumenblase, Stummigiefel,
Plundenstan, Bärchenmücher,
Bäsekrote, Kofasissen,
Flee**schn**ocke, **Bl**utz**sch**ech

2 Wie heißen die Nomen richtig?
Sprecht darüber.

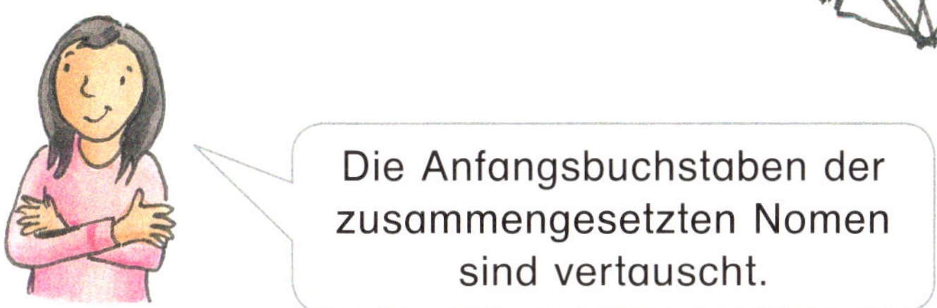

3 Wie heißen die Nomen richtig?
Schreibe sie in dein Heft.

Birschkaum Bitzsank Staubelle Zielspeug
Pfatzenkote Tratzschuhe Blopftume Timmerzür

4 Erfinde selbst Schüttelnomen
und schreibe sie auf.
Ein anderes Kind soll dir sagen,
wie sie richtig heißen.

- Mit Sprache spielerisch umgehen
- Nomen kennen
- Sprache untersuchen: S. 70,73
- Ich-du-wir: S. 99
- Arbeitsheft: S. 7
- Forderkartei: Nr. 7

Werkstatt: Lernen

Wörter nach dem Alphabet ordnen

1 Schreibe die Wörter nach dem **Alphabet** geordnet in dein Heft.

denken arbeiten jagen fliegen bellen
helfen fahren gehen essen backen

2 Schreibt die Wörter auf kleine Zettel.
Ordnet sie gemeinsam nach dem **Alphabet**.

Hand Kasse Stunde Fisch Keller
Riese Kater Mantel Blume Karte

Strategie

Manchmal beginnen mehrere Wörter mit demselben Buchstaben.
Dann musst du nach dem zweiten, dritten oder vierten Buchstaben ordnen.

Rad Rahmen Rauch

3 Ordne die Wörter nach dem **Alphabet**.
Schreibe sie in dein Heft.

rennen rufen rauchen retten
rollen reiten rauschen riechen

4 Schreibe deine Lieblingswörter auf Zettel.

5 Bildet Vierergruppen und ordnet gemeinsam eure Lieblingswörter nach dem Alphabet.

- Das Alphabet anwenden und üben
- Nachschlagetechniken

- Wörterkästen in den Übungskisten 1 aller Themen-Kapitel

- Arbeitsheft: S. 8
- Fö/Fo: S. 4,5 / Nr. 9,10
- AH inklusiv: S. 10-19

Portfolio

1 Zeigt euch zu zweit noch einmal eure Portfolio-Ordner aus dem zweiten Schuljahr und erzählt dazu.

2 Überlege dir, was du aus deinem Portfolio-Ordner aussortieren willst.

3 Sortiere deine Arbeiten nach Überschriften:

- Das bin ich
- Gedichte/Abzählverse
- Geschichten
- Vorträge
- Buchtipps
- Bilder/Fotos
- Regeln
- Sonstiges
-

4 Lege für deinen Ordner ein Register an.

5 Überlegt gemeinsam, wie ihr das Inhaltsverzeichnis gestalten könnt.

Inhaltsverzeichnis

1. Das bin ich
– So sehe ich aus
–

2. Gedichte
– Elfchen

3. Geschichten

- Lernerfahrungen reflektieren
- Lernergebnisse präsentieren
- Texte verfassen

▸ Wetter: S. 104
▸ Bücher: S. 141

Zu einem Thema recherchieren und Werbung erkennen

Wenn du zu einem Thema Fragen hast oder noch mehr herausfinden möchtest, dann musst du nach Informationen suchen. Das nennt man auch **recherchieren**.

Ich möchte mehr über Delfine wissen.

- In einem Lexikon nachschlagen
- Im Internet nach Informationen suchen
- In Kinderzeitschriften nachschauen
- Jemanden fragen / interviewen
- In Sachbüchern lesen

Es gibt extra Suchmaschinen für Kinder, z. B. www.blindekuh.de.

Finja und Paul haben zu dem Thema **Delfine** recherchiert. Diese beiden Texte haben sie gefunden:

Anzeige

Werde **Delfin-Pate**! Delfine brauchen deine Hilfe. Sie sind bedrohte Tiere. Werde Mitglied für nur **2,99 €** im Monat!

Delfine

Die Delfine gehören zu den Zahnwalen und sind Säugetiere. Sie sind intelligente Wesen mit Persönlichkeit. Ihre Kinder...

1 Woran könnt ihr Informationen von Werbung unterscheiden?

2 Recherchiert zu einem Thema, das euch interessiert.

▸ Informationen in Druck- und elektronischen Medien suchen

▸ Wetter: S. 100-101
▸ Essen: S. 108-109
▸ Meerestiere: S. 118-120

▸ Arbeitsheft: S. 9,10
▸ Förderheft: S. 6-8
▸ Forderkartei Nr. 19,20

Im Internet nach Informationen suchen

Das Internet ist gut geeignet, um sich über ein Thema zu informieren.

1 Starte im Internet eine Kinder-Suchmaschine.

Zum Beispiel: www.kindernetz.de
www.blindekuh.de
www.fragfinn.de

2 Gib dann als Suchbegriff dein Thema ein.

3 Orientiere dich, was zu deinem Thema angezeigt wird.

- Texte
- Steckbriefe
- Stichworte
- Überschriften
- Fotos/Bilder
- …

4 Sprich mit einem anderen Kind darüber.

5 Wenn du nicht genug Informationen gefunden hast, musst du weitere Links zu deinem Thema anklicken.

6 Klicke die Informationen an, die dich besonders interessieren.

7 Drucke dir die Informationen aus.

Informationen in elektronischen Medien suchen

- Wetter: S. 100-101
- Essen: S. 108-109
- Meerestiere: S. 118-120

- Arbeitsheft: S. 9-11
- Förderheft: S. 6-8
- Forderkartei: Nr. 11,12

Für einen Vortrag Informationen aufbereiten

1 Überlege, welches Thema dich besonders interessiert.

2 Sprich mit einem anderen Kind darüber, warum du dieses Thema ausgesucht hast.

Leni hat sich für das Thema Delfine entschieden und folgende Arbeitsschritte beachtet:

Überschriften finden und Informationen auswählen

Bilder/Fotos

Steckbriefe

Delfine

Größe:	2–4 m
Gewicht:	100–350 kg
Aussehen:	grau-weiß
Nahrung:	Fisch
Besonderheit:	Säugetier

Texten Informationen entnehmen

Delfine
Delfine sind keine Fische, sondern Säugetiere. Sie haben einen stromlinienförmigen Körper und sind deshalb hervorragende Schwimmer. Die Kiefer der Delfine sind zu einer schnabelförmigen langen Schnauze geformt. Delfine gehören zu den intelligentesten Tieren. Sie kommen in fast allen Meeren der Welt vor.

Stichwortkarten schreiben und sortieren

stromlinienförmiger Körper

Weltmeere hervorragender Schwimmer

schnabelförmige Schnauze Säugetiere intelligent

Ein Plakat vorbereiten und gestalten

3 Was müsst ihr bei den Arbeitsschritten besonders beachten? Begründet es.

- Informationen aufbereiten und strukturieren
- Anschauungsmittel nutzen

- Wetter: S. 100-101
- Essen: S. 108-109
- Jahr: S. 146
- Arbeitsheft: S. 9-11
- Förderheft: S. 9
- Forderkartei: Nr. 13-16

Was kann ich nun?

Lies zu jeder Überschrift die drei Aufgaben.
Entscheide dann, welche du bearbeiten möchtest.

Wörter nach dem Alphabet ordnen

Seite 10

1 Schreibe die Wörter nach dem Alphabet geordnet auf.

dick ruhig groß lang blau

2 Schreibe die Wörter nach dem Alphabet geordnet auf.

Tasche Tablett Tanne Taube Tafel Tatze

3 Schreibe die Wörter nach dem Alphabet geordnet auf.

sprechen sitzen schlagen stehen singen stellen

Zu einem Thema recherchieren

Seite 12

1 Was stimmt? Schreibe den richtigen Satz auf.

a) Recherchieren bedeutet, ein Bild zu malen.
b) Recherchieren bedeutet, nach Informationen zu suchen.

2 Schreibe auf, wo du Informationen zu einem Thema finden kannst.

3 Recherchiere, ob es diese Kindersuchmaschinen gibt und schreibe sie auf.

www. schlaue-schüler.de
www.kinder-wissen.bescheid.de
www.helles-köpfchen.de

- Lernprozesse reflektieren
- Lernergebnisse präsentieren

Forderkartei: Nr. 111,112
AH inklusiv: S. 59

Werkstatt: Sprechen und Zuhören

Bei Gesprächen gut zuhören

1 Sprecht über die Gruppenarbeit der fünf Kinder.
- Mia hat eine Idee. Wer hört ihr gut zu? Wer nicht?
- Woran erkennt ihr das?

2 Was tut jemand, der dir gut zuhört? Schreibe es auf.

Gutes Zuhören üben

1 Lies den Tippkasten.

2 Überlegt gemeinsam, warum gutes Zuhören wichtig ist.

3 Hast du schon einmal erlebt, dass jemand dir nicht gut zugehört hat? Sprecht darüber.

Tipp

Gutes Zuhören
- das sprechende Kind anschauen
- aufmerksam sein
- sich dem Kind zuwenden
- nachfragen
- aussprechen lassen

4 Mit diesem Spiel könnt ihr das gute Zuhören üben.
- Lest die Regeln und spielt das Spiel zu viert oder fünft.
- Andere Kinder beobachten, wie ihr die Zuhörtipps umsetzt.
- Sprecht über eure Beobachtungen.
- Tauscht danach die Rollen.

Redekette
Ein Kind sagt einen Satz, der eindeutig richtig oder falsch ist:
Im Mülleimer steht ein Elefant.
Paul antwortet: Das ist falsch. Im Mülleimer ist kein Elefant. Aber jede Katze kann miauen. Was meinst du dazu, Pia?
Pia antwortet: Das ist richtig, jede Katze kann miauen. Aber ...
Und so geht das Spiel weiter.
Ihr könnt euch vor dem Spiel auch auf ein Thema einigen: alles aus dem Klassenraum, über Tiere, über Fußball, ...

5 Welche Zuhörtipps wollt ihr zu euren Gesprächsregeln in der Klasse ergänzen? Entscheidet gemeinsam.

- Verstehend zuhören
- Zu anderen sprechen
- Gespräche führen

▸ Auftaktseiten aller Themen-Kapitel

▸ Arbeitsheft: S. 12,13
▸ Fö/Fo: S. 10,11 / Nr. 21,22
▸ AH inklusiv: S. 22-26

In Expertengruppen ein Thema erarbeiten 1

Die Klasse 3b will das Buch **Gespensterjäger auf eisiger Spur** von Cornelia Funke lesen. Vorher wollen die Kinder wissen, was in dem Buch passieren könnte. Dafür haben sie Expertengruppen gebildet.

1 Findet heraus, wie und was die Gruppen arbeiten.

- Gruppe 1 schaut sich den Titel an und liest den Klappentext.
- Gruppe 2 liest das Inhaltsverzeichnis.
- Gruppe 3 sammelt Geister- und Gespensterwörter aus dem Buch.
- Gruppe 4 forscht über Cornelia Funke: www.corneliafunke.com
- Gruppe 5 schaut sich die Bilder im Buch an.

Die Gruppen schreiben ihre Ergebnisse in Stichworten auf die farbigen Papiere. Alle Kinder einer Gruppe schreiben dasselbe.

▸ Methodenkompetenz
▸ Über das Lernen sprechen
▸ Arbeitsvorhaben
▸ Wetter: S. 100,101
▸ Bücher: S. 137-139
▸ Jahr: S. 146
▸ Forderkartei: Nr. 23

In Expertengruppen ein Thema erarbeiten 2

1 Jetzt macht die Klasse ein Gruppenpuzzle.
Dafür lösen sich die Expertengruppen auf.
Schaut euch das Bild an und findet heraus,
wie das geht.

2 Was tun die Kinder in den neuen Gruppen?
Sprecht darüber.

3 Macht in eurer Klasse auch ein Gruppenpuzzle.
Das könnt ihr zu anderen Büchern oder Texten
oder ganz anderen Themen machen, zum Beispiel:
Tiere, Sportarten, Länder, …

4 Die Expertengruppen können am Ende
die anderen Kinder zu dem vorgestellten Thema befragen.

- Lernergebnisse präsentieren
- Funktionsangemessen sprechen
- ▸ Wetter: S. 100,101
- ▸ Bücher: S. 137-139
- ▸ Jahr: S. 146
- ▸ Forderkartei: Nr. 24

Einen Vortrag halten

Die Kinder der Klasse 3a haben Plakate zu verschiedenen Themen gestaltet und sich Stichworte für ihre Vorträge aufgeschrieben. Bevor sie die Vorträge halten, erinnern sie sich an ihre Tipps: Wie machen wir unsere Vorträge für die anderen spannend und interessant?

1 Lest die Tipps und begründet, warum sie sinnvoll sind.

- **a** Stichwortzettel sortieren und nummerieren
- **b** den Vortrag vorher mit einem anderen Kind üben
- **c** das Plakat gut sichtbar aufhängen
- **d** am Anfang das Thema nennen
- **e** aufrecht stehen
- **f** laut, deutlich und frei sprechen
- **g** die Zuhörer anschauen
- **h** Gegenstände und Bilder zeigen und erklären
- **i** am Ende das Wichtigste noch einmal nennen
- **j** Fragen der Zuhörer beantworten

2 Sortiere die Vorschläge. Schreibe so:

Vor dem Vortrag: a, …
Beim Vortrag:
Zu Beginn des Vortrags:
Am Ende des Vortrags:

3 Schreibe die sortierten Tipps nun in der Ich-Form auf. Schreibe so, dass du die Tipps immer wieder nutzen kannst.

Vor dem Vortrag:
Ich sortiere und nummeriere meine Stichwortzettel.

- Lernergebnisse festhalten und mediengestützt präsentieren

- Lernen: S. 12-14
- Meerestiere: S.118,119
- Das Jahr: S. 146
- Arbeitsheft: S. 14,15
- Fö/Fo: S. 12 / Nr. 25,26
- AH inklusiv: S. 28,29

Feedback über einen Vortrag geben

1 Lest das Feedback der Kinder. Sprecht darüber, welche Äußerungen Fritz wohl gut annehmen kann? Welche könnten dazu führen, dass er vor seinem nächsten Vortrag Angst hat? Warum?

- Ich wusste nicht, dass der Walhai so ein großer Fisch ist.
- Es war blöd, dass du das mit der Fortpflanzung nicht erklärt hast.
- Ich habe gelernt, dass der Walhai 100 Jahre alt werden kann.
- Ich finde toll, dass du das Modell dabei hattest.
- Du konntest nicht alle Fragen beantworten. Das war nicht gut.
- Du hast etwas vom Plakat abgelesen, das habe ich nicht ganz verstanden. Du könntest dich zu uns wenden.
- Mir hat gefallen, dass du fast alle unsere Fragen am Ende beantwortet hast.
- Du hast mich neugierig auf den Walhai gemacht. Das ist toll.
- Warum hast du keinen Film gezeigt? Das ist doof.
- Es hat mir gut gefallen, wie du vorgetragen hast: zu uns geschaut, laut und deutlich gesprochen, Bilder gezeigt.

2 Schreibe die Satzanfänge auf, mit denen Fritz nicht entmutigt wird: *Ich wusste nicht, dass …*

3 Schreibe weitere Satzanfänge für ein Feedback, das Mut macht.

- Reflektieren
- Funktionsangemessen sprechen, begründen

▸ Lernen: S. 14
▸ Meerestiere: S.118,119
▸ Das Jahr: S. 146
▸ Arbeitsheft: S. 14,15
▸ Förderheft: S. 13
▸ Forderkartei: Nr. 27,28

Einen schlimmen Streit verhindern

1 Sucht euch zu dritt oder zu viert eine der beiden oder eine andere Streitsituation aus.
- Max hat beim Anschauen Pauls wertvollste Sammelkarte einfach weggenommen und sie auch nicht zurückgegeben.
- Lisa hat Jan beim Spielen ein Bein gestellt. Sofort tritt Jan nach Lisa.

2 Spielt ein Rollenspiel.
- Überlegt euch: Wie werden sich die Kinder weiter verhalten?
- Schreibt Stichworte dazu auf.
- Verteilt die Rollen in eurer Gruppe.
- Übt das Rollenspiel.
- Spielt es dann den anderen Kindern vor.

3 Besprecht gemeinsam:
- Welche Handlungen und Aussagen haben zur Einigung geführt?
- Welche Handlungen und Aussagen haben den Streit verschärft?

4 Überlegt euch Tipps:
Wie kann man einen schlimmen Streit verhindern?
Schreibt zu zweit Vorschläge auf.

5 Sprecht über eure Vorschläge in der Klasse.

Eine Fantasiegeschichte zu einem Bild erzählen

1 Schau dir die Bilder mit den merkwürdigen Gestalten an.
Zu welchem Bild fällt dir eine Geschichte ein?

2 Plane nun deine Geschichte alleine oder mit anderen Kindern.
Schreibe deine Ideen auf Stichwortzettel
oder benutze den roten Faden.
Diese Fragen können dir helfen:

- Wo lebt die merkwürdige Gestalt?
- Wie ist ihr Name?
- Welche Eigenschaften und Fähigkeiten hat sie?
- Was ist passiert? Wie ist es dazu gekommen?
- Wie geht es weiter?
- Gibt es ein gutes oder ein schlechtes Ende?
- Wie heißt dein erster Satz?

3 Erzählt euch eure Geschichten zuerst zu zweit
oder in der Gruppe.
Gebt euch gegenseitig Tipps,
wie die Geschichten noch interessanter werden.

4 Erzähle nun deine Geschichte im Erzählkreis.
Ihr könnt sie auch aufnehmen.

- Methodenkompetenz
- Sich bei Lernvorhaben unterstützen

▶ Texte verfassen: S. 28,29,41
▶ Wetter: S. 104
▶ Forderkartei: Nr. 33,34

Mit der Erzählleine ein Märchen erzählen

1 Schaut das Bild an und sprecht darüber:
Was ist eine Erzählleine?
Was erzählen die Kinder? Wie erzählen sie es?

2 Denkt euch in Gruppen gemeinsam ein Märchen aus oder wählt euch ein bekanntes Märchen aus.
Um auf Ideen zu kommen, könnt ihr eine Märchenkartei, Märchenbilder und Märchenbücher benutzen.

3 Zeichnet und schreibt eure Ideen auf Erzählblätter.
Sucht euch dazu passende Gegenstände (Requisiten).
- Wo spielte das Märchen? Wer war die Hauptfigur?
  Was war das Problem?
- Wie wollte die Hauptfigur das Problem lösen?
- Welche Abenteuer musste sie dabei bestehen?
- Wie endete das Märchen? Wie ging es den Hauptfiguren nun?

4 Erzählt euer Märchen mithilfe der Erzählleine und der Requisiten. Erzählt in der Vergangenheit.

▸ Gemeinsam ein Lernvorhaben planen
▸ Zu anderen sprechen
▸ Texte verfassen: S. 38-41
▸ Forderkartei: Nr. 35,36

Was kann ich nun?

Gut zuhören

▸ Seite 17

1 Überlegt zu zweit,
erst das eine Kind, dann das andere:
Welchen Tipp für das gute Zuhören
beachtet ihr schon?

Tipp

Gutes Zuhören
- das sprechende Kind anschauen
- aufmerksam sein
- sich dem Kind zuwenden
- nachfragen
- aussprechen lassen

In Kindergruppen arbeiten

▸ Seite 18, 19

2 Überlegt zu zweit:
Mit welcher Aufgabe konntet ihr
euren Gruppen am meisten helfen?

forschen   diskutieren   aufschreiben   Bilder malen

3 Überlege alleine, was dir noch nicht so gut gelingt, und schreibe auf, was du dir für die nächste Gruppenarbeit vornimmst.

Einen Vortrag halten

▸ Seite 20

4 Überlegt zu zweit,
welche Vortragstipps ihr schon benutzt habt.
Welcher ist euch schon besonders gut gelungen?

Feedback über einen Vortrag geben

▸ Seite 21

5 Schreibe drei Sätze
für ein ermunterndes Feedback auf.

Einen schlimmen Streit verhindern

▸ Seite 22

6 Schreibe einen Tipp,
wie man einen Streit entschärfen kann.

Mit der Erzählleine erzählen

▸ Seite 24

7 Was musst du vorbereiten, wenn du
eine Geschichte mithilfe der Erzählleine
erzählen willst? Schreibe es auf.

- Lernprozesse reflektieren
- Lernergebnisse präsentieren

▸ Arbeitsheft: S. 68
▸ Förderheft: S. 54
▸ Forderkartei Nr. 113,114

Werkstatt: Texte verfassen

Einen Text planen, schreiben und überarbeiten

Auf dem Weg zu einem gelungenen Text
gibt es verschiedene Zwischenschritte.

Schritt 1: Eine Schreibidee haben

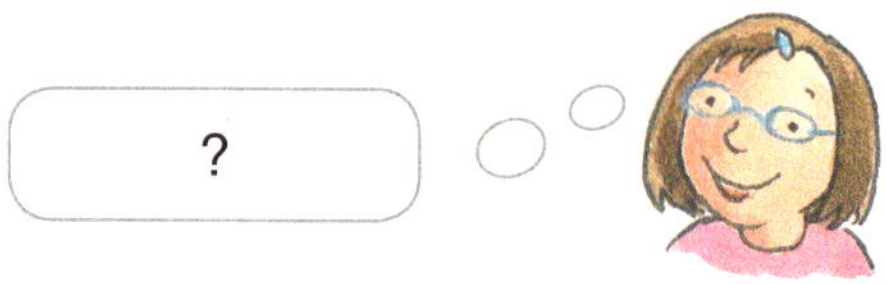

Was möchtest du schreiben?

Eine Geschichte,	Einen sachlichen Text	Eine besondere Textform
• die du dir ausgedacht hast • die du erlebt hast • …	• eine Einladung • einen Steckbrief • ein Plakat • …	• einen Fünf-Sätze-Text • ein Elfchen • ein Haiku • ein Parallelgedicht • einen Ich-Text • …

Schritt 2: Einen Text planen

Dazu gibt es verschiedene Möglichkeiten:
- einen Gedankenschwarm notieren
- Stichwörter aufschreiben
- den roten Faden benutzen
- wichtige Nomen, Verben und Adjektive sammeln
- ein Bild dazu malen
- einfach losschreiben

Einen Text planen, schreiben und überarbeiten

Schritt 3: Den Entwurf schreiben

- Schreibe auf Entwurfspapier.
- Deine Notizen können dir helfen.
- Du kannst auch weitere Ideen entwickeln.

Schritt 4: Den Text überarbeiten

Das kannst du alleine, zu zweit oder in einer Schreibkonferenz mit anderen Kindern machen. Du kannst auch die Textlupen zu Hilfe nehmen. Lies den Text durch und überprüfe den Inhalt, die Sprache und die Rechtschreibung.

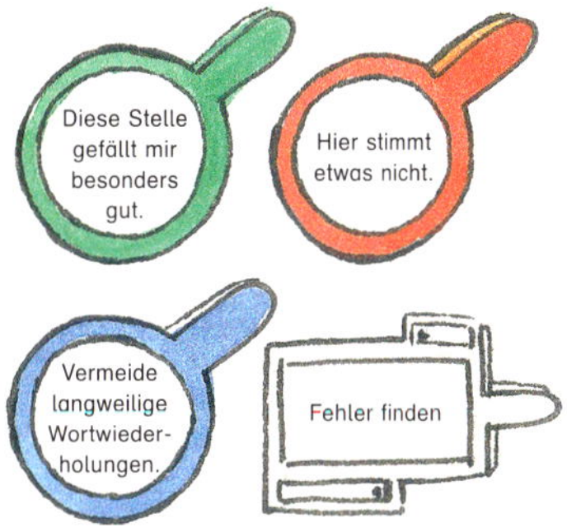

- Kann man den Text verstehen?
- Ist alles Wichtige im Text enthalten?
- Ist der Text interessant?

- Sind deine Sätze vollständig?
- Hast du treffende Wörter gewählt?

- Hast du alle Satzzeichen gesetzt?
- Hast du die Schreibung der Wörter überprüft?

Jetzt kannst du deinen Text gut lesbar aufschreiben.

Schritt 5: Den Text veröffentlichen

Du kannst deinen fertigen Text:
- den anderen vorlesen
- an der Pinnwand aufhängen
- in ein Geschichtenbuch der Klasse aufnehmen
- in deinem Portfolio aufbewahren
- in ein eigenes Minibuch schreiben

▸ Methoden der Textüberarbeitung nutzen
▸ Lernergenisse präsentieren
▸ Richtig schreiben: S. 66
▸ Wetter: S. 104
▸ Das Jahr: S. 145
▸ Arbeitsheft: S. 18,19
▸ Forderkartei: Nr. 37-40
▸ AH inklusiv: S. 8,9

Eine Geschichte entwickeln: der rote Faden

Mithilfe des roten Fadens kannst du eine Geschichte planen.

1 Schaut euch den roten Faden an und sprecht darüber.

Um wen geht es?	Wo spielt die Geschichte?	Welches Problem tritt auf?	Wie fühlt sich die Figur nun?	Welche Idee hat die Figur?	Was unternimmt die Figur um das Problem zu lösen?	Wie endet die Geschichte?

2 Schreibt die Stichworte auf drei Zettel.
Ordnet sie den Fragen am roten Faden zu.

- Toilettentür geht nicht mehr auf
- Klara aus der 3c
- auf der Toilette in der Schule

3 Wie könnte die Geschichte weitergehen?
Schreibt eure Ideen zu den Symbolen  auch auf Zettel.
Legt alle Zettel in die richtige Reihenfolge an den roten Faden.

4 Nun könnt ihr die ganze Geschichte aufschreiben.

5 Lies deine Geschichte einem anderen Kind vor.

6 Schreibe mithilfe des roten Fadens eine eigene Geschichte.

- Plaungsmethoden kennenlernen
- Schreibideen entwickeln

▶ Sprechen/Zuhören: S.23
▶ Texte verfassen: S. 41
▶ Wetter: S. 104
▶ Arbeitsheft: S. 20,21
▶ Förderheft: S. 16,17
▶ AH inklusiv: S. 8,9

Geschichten entwickeln

Jede Geschichte besteht aus mehreren Teilen,
die zusammenpassen müssen.

Der **Anfang** verführt zum Weiterlesen und enthält wichtige Informationen.

Im **Mittelteil** passiert etwas
- Ungewöhnliches,
- Besonderes,
- Spannendes,
- Problematisches.

Am **Ende** wird kurz erzählt, wie die Geschichte ausgeht.

1 Vergleiche die möglichen Geschichtenanfänge.
Welcher Anfang gefällt dir?

Die Fenster im Klassenzimmer waren weit geöffnet. So heiß war es. Unsere Klasse brütete über einer kniffligen Textaufgabe.

Es war heiß.
Es war langweilig und wir hatten überhaupt keine Lust auf Mathe.

2 Lest nun den Mittelteil der Geschichte.

Plötzlich hörten wir ein lautes Summen. Eine Biene im Klassenzimmer! Einige Kinder begannen zu kreischen. Andere wedelten wild mit den Armen. „Ruhe!“, rief Frau Knapp vergeblich. Nur Joschka blieb gelassen. Er schnappte sich ein leeres Wasserglas und stülpte es im richtigen Augenblick über die Biene.

3 Schreibe Anfang und Mittelteil der Geschichte ab.

4 Wie könnte die Geschichte zu Ende gehen?
Schreibe einen kurzen Schluss. Lies ihn anderen Kindern vor.

- Plaungsmethoden kennenlernen
- Schreibideen entwickeln

- Texte verfassen: S. 41
- Wetter: S. 104
- Das Jahr: S. 145

- Arbeitsheft: S. 22,23
- AH inklusiv: S. 8,9

Texte überarbeiten: Schreibkonferenz

Regeln für die Arbeit in einer Schreibkonferenz

eine Gruppe bilden
einen Text vorlesen
über den Text sprechen

- Ich finde gut, ...
- Ich habe nicht verstanden ....
- Ich habe noch eine Frage.
- Diesen Tipp habe ich für dich ....

Das Autorenkind entscheidet, welchen Tipp es benutzt.

Marie hat einen Text geschrieben.

Die Tür
Als ich nach Hause kam, war es ruhig in der Wohnung. Nur die Wohnzimmertür war ein Spaltbreit offen. Ganz leise spielte komische Musik. Da lag meine Mutter. Sie machte Yoga. Ich war froh.

Ich finde gut, wie die Geschichte anfängt.

Ich habe nicht verstanden, warum du froh warst. Hattest du denn vorher Angst? Schreib doch etwas mehr darüber.

Ich habe einen Tipp für dich: Es hätte doch noch länger spannend sein können.

1 Überarbeitet den Text mit den Vorschlägen aus der Schreibkonferenz.

- Texte auf Verständlichkeit und Wirkung überprüfen
- Überarbeitungskriterien

▸ Das Jahr: S. 145

▸ Forderkartei: Nr. 41,42

Texte überarbeiten: Textlupen

1 Schreibe den Text ab.

Wütend
Ich kam nach Hause und habe erst mal meinen Ranzen in die Ecke gepfeffert. Ich war wütend. Wütend auf meinen Freund Peter. Ich wollte mich mit ihm verabreden. Er aber hatte keine Zeit für mich. Ich habe immer Zeit für ihn. Ich war traurig. Jetzt klingelte das Telefon. Es war Peter. Jetzt hatte er doch Zeit. Jetzt war ich gar nicht mehr böse und bin schnell zu ihm geschlendert.

2 Überarbeitet den Text gemeinsam. Nutzt dafür die drei Textlupen.

Regeln für die Arbeit mit Textlupen
- Drei Kinder arbeiten in einer Gruppe und tauschen ihre Texte.
- Jedes Kind bekommt eine andere Textlupe.
- Jedes Kind liest den Text.
- Dann markieren alle mit ihrer Textlupe auffällige Textstellen.
- Dann wird der Text an das nächste Kind weitergegeben.
- Zum Schluss bekommt jedes Kind den eigenen Text zurück.

3 Schreibe einen eigenen Text.

4 Überarbeitet eure Texte mit den Textlupen.

- Methoden der Textüberarbeitung nutzen
- Überarbeitungskriterien

▸ Richtig schreiben: S. 66
▸ Sprache untersuchen: S. 86
▸ Das Jahr: S. 145
▸ Arbeitsheft: S. 24,25
▸ Förderheft: S. 18-21 /
▸ Forderkartei: Nr. 43-46

Eine Geschichte spannender schreiben

1 Vergleicht diese beiden Texte.

Gespenster	Gespenster
Enno wachte auf. Er hatte ein Geräusch gehört. Da spürte er was. Etwas berührte seinen Arm. Er knipste die Lampe an. Es war Tasso, sein Hund.	Enno wachte plötzlich auf. Er hatte ein unheimliches Geräusch gehört. Da spürte er einen kalten Windhauch. Etwas Feuchtes berührte seinen Arm. Schnell knipste er die Lampe an. Erleichtert sah er seinen Hund Tasso, der seinen Arm abschleckte.

2 Schreibt die spannenden Stellen auf und sammelt noch weitere **Spannungswörter**.

groß	immer größer
kalter Wind	tiefes Loch
fürchterlicher Schreck	dunkles Zimmer
große Schatten	leise
leiser	sehr leise

3 Schreibt eine eigene spannende Geschichte. Ihr könnt auch zu zweit arbeiten.

- Sprachliche Mittel sammeln
- Sich über Texte beraten
- Texte optimieren

- Texte verfassen: S.30
- Bücher: S. 138,142
- Das Jahr: S. 145
- Arbeitsheft: S. 26
- Förderheft: S. 18-21
- Forderkartei: Nr. 47-48

Buchstabentexte schreiben

1 Lest den Text und schaut euch das Bild an.

2 Welche Dinge könnte der Zauberer noch aus dem Zylinder ziehen? Sprecht darüber.

3 Schreibe einen Satz mit vielen B/b-Wörtern.
Die Wörterliste oder die Wörter im Kasten können dir helfen:
Der bissige Boxer Bruno …

Bauer	Boxer	Badehose	Bettdecke	Brei	
brummen	betteln	braten	bellen	befreien	
bunt	blöd	bissig	brav	bockig	begeistert

4 Sammelt zu zweit Nomen, Verben und Adjektive mit einem anderen Anfangsbuchstaben. Schreibt sie auf Zettel.

5 Entwickelt mit euren Wörtern einen lustigen Text. Schreibt ihn auf.

6 Überlegt, wie ihr eure Texte präsentieren wollt.

- Mit Sprache spielerisch umgehen
- Schreibideen entwickeln

▸ Sprache untersuchen: S. 74,76,79

▸ Arbeitsheft: S. 27
▸ Forderkartei: Nr. 49

Fantasiegeschichten schreiben

1 Lest die Fantasiegeschichte. Erzählt sie euch zu zweit zu Ende.

> Die Radiergummiratte
> Wie jeden Tag lag die Radiergummiratte Rosi in ihrem Mäppchen und träumte vor sich hin. Doch plötzlich begann sich alles um sie zu drehen. Sie purzelte von einer Seite auf die andere. Das war fürchterlich, denn die Buntstifte piekten sie und ihr wurde ganz schlecht.
> Schließlich hatte sie eine Idee. …
> Seit diesem Tag …

2 So könnt ihr eine eigene Fantasiegeschichte schreiben. Sucht erst einmal Nomen für eine Wortsammlung. Schreibt sie so auf:

Schulwörter:	Tiere:
Tafel	Floh
Pause	Tiger

3 Erfindet nun Fantasietiere. Dazu bildet ihr aus Schulwörtern und Tieren zusammengesetzte Nomen:
Tafeltiger, Pausenfloh, …

4 Suche dir ein Fantasietier aus und schreibe dazu eine Geschichte. Die Satzanfänge können dir helfen.

1. Wie jeden Tag …
2. Doch plötzlich …
3. Das war fürchterlich, denn …
4. Schließlich hatte er/sie/es eine Idee …
5. Seit diesem Tag …

• Schreibideen entwickeln
• Sprachliche Mittel sammeln
• Überarbeitungskriterien
▶ Lernen: S. 11 (Portfolio)
▶ Wetter: S.104
▶ Bücher: S.141
▶ Arbeitsheft: S. 32
▶ Forderkartei: Nr. 61,62

Gemeinsam Geschichten schreiben

1 Überlegt euch spannende oder interessante Überschriften.
Ihr könnt sie auch aus Zeitungen oder Büchern raussuchen.
Damit könnt ihr Ping-Pong-Geschichten und Knickgeschichten schreiben.

Pingpong-Geschichten schreiben

- Zwei Kinder einigen sich, wer anfängt zu schreiben.
- Das erste Kind schreibt einen oder zwei Sätze auf und gibt das Blatt an das zweite Kind weiter.
- Nun schreibt das zweite Kind ein oder zwei Sätze.
- So geht es abwechselnd weiter.
  Die eigenen Sätze müssen zu den vorhergehenden Sätzen passen.
- Die Geschichte wird so lange weitergegeben, bis beide Kinder entscheiden, dass sie fertig sind.
- Beide Kinder können die Geschichte abschreiben.
  Dabei dürfen auch Sätze verändert oder zugefügt werden.

Knickgeschichten schreiben

- Jedes Kind schreibt zwei Sätze auf sein Blatt.
  Jeder Satz wird in eine neue Zeile geschrieben.
- Dann wird der erste Satz umgeknickt und das Blatt wird dem Nachbarkind weitergegeben.
- Jedes Kind liest den Satz und schreibt zwei passende Sätze dazu. Wieder einen Satz umknicken und …
- So geht es weiter, bis alle Kinder einen Satz geschrieben haben.
- Das erste Kind liest dann den Text vor.

▸ Lernvorhaben gemeinsam planen und durchführen
▸ Schreibideen entwickeln

▸ Forderkartei: Nr. 50

Ein Parallelgedicht schreiben

Morgens

Mutter klopft
Aufstehn!
Strecken
Gähnen
Aus dem Bett
Bad besetzt
Schwester drin
Klopf, klopf, klopf
Ich bin dran!
Endlich rein
Katzenwäsche
Anziehen
Frühstück fassen
Käsebrot
Hefte suchen
Tasche packen
Schon halb acht!
Nix wie los.

(Nach einer Idee von Manfred Mai)

1 Lest das Gedicht. Sprecht darüber.

2 Sammelt weitere Tätigkeiten, die in euren Morgen passen:
Haare kämmen, Traum erzählen, Müsli schaufeln, …

3 Ergänzt das Gedicht mit neuen Zeilen. Ihr könnt auch Zeilen oder Wörter ersetzen.

Ich ersetze Zeile 9 durch **Muss mal**.

Ich ergänze nach Zeile 11 **Zähne putzen**.

4 Lest euer verändertes Gedicht einem anderen Kind vor.

5 Überlegt, wie eure Abende vor dem Schlafengehen ablaufen. Sammelt eure Ideen in einem Gedankenschwarm.

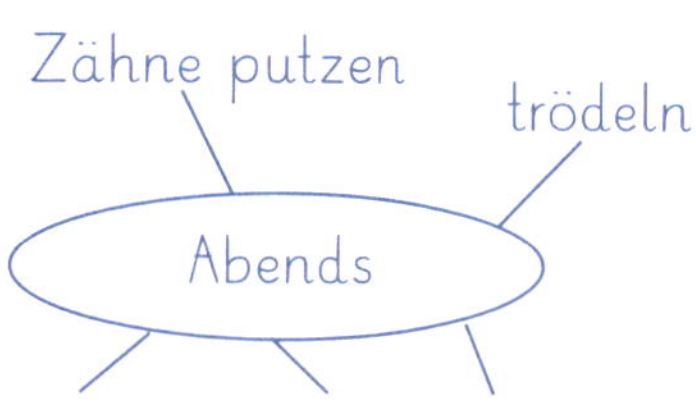

6 Schreibe nun ein Parallelgedicht.

Abends
Mutter ruft
Ab ins Bett! …

Ein Haiku schreiben

Das Haiku ist eine japanische Gedichtform.
Es erzählt vom Menschen und wie er die Natur sieht.

1 Lest die Haikus.

Salzige Seeluft
Möwen kreisen über mir
Wolken im Wasser

Schnee fällt und Regen.
Tropfen auf kahlen Ästen.
Winzige Knospen. (Martin Auer)

2 Findet heraus, nach welchem Bauplan sie geschrieben werden.
Achtet auf die Anzahl der Silben in jeder Zeile.

1. Zeile: ? Silben 2. Zeile: ? Silben 3. Zeile: ? Silben

3 Schreibe ein Haiku von oben ab und male ein Bild dazu.

---

4 Lest die Gedichtzeilen und ordnet sie nach Anzahl der Silben.
Zeichnet Silbenbögen unter die Wörter.

Fünf Silben: Wasser umspült mich, …

Sieben Silben: Eintauchen in die Stille, …

Wasser umspült mich	Eintauchen in die Stille
Die Luft anhalten	Kieselsteine unter mir
Barfüßig im Bach	Meine Fußspuren im Sand
Wasser kräuselt sich	Wasserwunderwelt

5 Sammelt weitere Wasser-Zeilen mit fünf oder sieben Silben.

6 Wählt zwei Zeilen mit fünf und eine Zeile mit sieben Silben aus.
Ordnet sie zu einem Wasser-Haiku und schreibt das Gedicht auf.

7 Sammelt eure Haikus und veröffentlicht sie in der Klasse.

Wer oder was in Märchen vorkommt

1 Bringt Märchenbücher mit.
Stellt euch gegenseitig Märchen vor.

2 Sammelt Märchenwörter.

Königin Müller Wolf Einhorn Zauberwurzel Hochzeit
Schloss drei Schatz Drache Mutter dreizehn Wiese Hexe
Gold Riese Prinzessin Schlange Zwerg zwölf Feld Kröte
Silber Früchte Vater Bauer Teufel Fuchs Wald Katze
Geschenk Fee Belohnung Geburt Flasche Teich

3 Ordnet die Märchenwörter und schreibt sie auf farbige Karten.

Personen und Berufe:	Königin, Müller, …
Tiere:	Wolf, …
Märchenwesen:	Einhorn, …
Orte:	Schloss, …
Magische Gegenstände:	Zauberwurzel, …
Zahlen:	drei, …
Besondere Ereignisse:	Hochzeit, …

4 Findet noch mehr Wörter für die Märchenkartei.

▸ Textformen kennenlernen
▸ Sprachliche Mittel sammeln und ordnen
▸ Sprache untersuchen: S. 70
▸ AH inklusiv: S. 36,37

Ein Märchen kennenlernen

1 Sprecht über das Märchen.

Das Kätzchen und das Nadelspiel

Es war einmal eine arme Mutter, die ging in den Wald, um Holz zu sammeln. Als sie auf dem Rückweg war, sah sie ein krankes Kätzchen, das kläglich schrie. Die arme Frau nahm es mitleidig mit nach Hause. Sie legte das Kätzchen auf alte, weiche Kleider und gab ihm zu trinken. Als das Kätzchen wieder ganz gesund war, war es mit einem Mal fort und verschwunden.
Nach einiger Zeit ging die arme Frau wieder in den Wald. Als sie mit ihrem Holzbündel an die Stelle kam, wo das kranke Kätzchen gelegen hatte, da stand dort eine vornehme Dame. Die winkte die arme Frau zu sich und warf ihr ein Nadelspiel in die Schürze. Die Frau wusste nicht recht, was sie von diesem sonderbaren Geschenk halten sollte. Sie legte das Nadelspiel zu Hause auf den Tisch und legte sich zu Bett. Als sie aber am nächsten Morgen aufstand, lag da plötzlich ein Paar fertig gestrickter Strümpfe auf dem Tisch. Am nächsten Abend legte sie das Nadelspiel wieder auf den Tisch und am Morgen darauf lagen wieder neue Strümpfe da. Jetzt merkte die Frau, dass die vornehme Dame eine Fee war. Die fleißigen Zaubernadeln waren die Belohnung dafür, dass die arme Frau sich um das kranke Kätzchen gesorgt hatte.
Von nun an ließ sie das Nadelspiel jede Nacht stricken, bis sie und ihre Kinder genug warme Strümpfe hatten. Dann verkaufte sie auch Strümpfe und so mussten sie nie mehr Not leiden.
So lebten sie glücklich bis an ihr Lebensende.

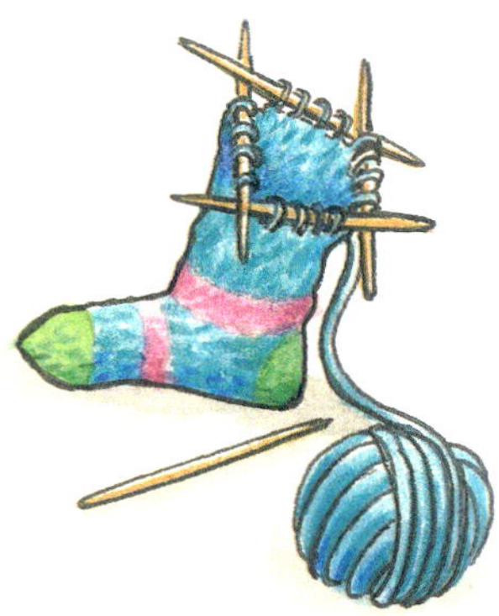

2 Beantwortet gemeinsam die Fragen:
Woran erkennt ihr, dass es ein Märchen ist?
Welche Figuren kommen in dem Märchen vor?
Was tut die Mutter mit dem Kätzchen?
Was war die vornehme Dame?
Wie wird die Mutter belohnt?

- Textformen kennenlernen
- Fragen zu einem Text beantworten

- Forderkartei: S.51,52
- AH inklusiv: S. 36,37

Merkmale von Märchen kennenlernen

1 Lest die Merkmale von Märchen und die Beispiele dafür.

Welches Problem muss gelöst werden?

ein Königreich vom Drachen befreien

den Bruder in Tiergestalt erlösen

den Stein finden, der den König wieder gesund macht

die Prinzessin retten

Was kann der magische Gegenstand?

eine Tarnkappe, die unsichtbar macht

Wenn ich die Zauberkugel berühre, verstehe ich die Sprache der Tiere.

ein bronzenes Schwert, mit dem ich alle besiegen kann

Eine Zauberkugel

Welche Belohnung gibt es am Schluss?

Gold und Silber

Das ganze Königreich

die Rückkehr nach Hause

die wunderschöne Prinzessin oder den wunderschönen Prinz

2 Sucht weitere Beispiele und schreibt sie auf.
Ihr könnt sie auch auf Karten für die Märchenkartei schreiben.

- Sprachliche Mittel sammeln
- Textmuster erkennen

▸ Forderkartei: Nr. 53,54
▸ AH inklusiv: S. 36,37

Ein Märchen mit dem roten Faden schreiben

Märchenanfang	Vor langer Zeit … Es war einmal …
Um wen geht es?	Prinz armes Mädchen kleiner Schneider
Wo spielt das Märchen?	Wald Königreich Hütte
Welches Problem tritt auf?	Ein Drache bedroht … Eine Prinzessin wurde verzaubert. …
Was unternimmt die Person, um das Problem zu lösen?	Zauberkugel suchen Drachen überlisten
Welche Belohnung gibt es?	das ganze Königreich Gold und Silber
Märchenende	Und sie lebten … Jetzt mussten sie nie mehr …

1 Schreibe mit einem roten Faden ein Märchen.
Ihr könnt auch zu zweit arbeiten.

Einen Brief schreiben

Die Klasse 3b hat eine Backstube besucht.
Nun bedankt sie sich bei dem Bäcker,
der ihnen alles gezeigt hat.

1 Lest den Brief und setzt die passenden Anredepronomen ein.

Sie   Ihre   Ihnen

> Datum 23. 9. 2016
>
> Sehr geehrter Herr Seitz, Anrede
> herzlichen Dank für die interessante Führung
> durch ______ Backstube.
> Jetzt wissen wir endlich, wie bei ______ gearbeitet wird.
> Besonders toll war, dass ______ mit uns Brezeln
> gebacken haben.
>
> Freundliche Grüße   Grußformel
> ______ 3 b   Unterschrift

2 Jeder Brief besteht aus verschiedenen Bausteinen.
Sucht die Bausteine im Brief und schreibt sie auf.

3 Sammelt weitere mögliche Anreden und Grußformeln.
Anreden: Hallo …   Grußformeln: Viele Grüße …

4 Welche Gründe gibt es noch, Briefe zu schreiben?
Sprecht darüber.

Merksatz

Diese **Anredepronomen** werden in Briefen großgeschrieben:
Sie, Ihr, Ihre, Ihnen …

5 Schreibe nun selbst einen Brief. Wähle aus,
wem du schreiben willst und warum du schreiben willst.

- Adressatenorientiert schreiben
- Normgerecht schreiben
- Sprache untersuchen: S. 75
- Bücher: S. 140
- Arbeitsheft: S. 33
- Fö/Fo: S. 24,25 / Nr. 57,58
- AH inklusiv: S. 34

Einen Vorgang beschreiben

1 Schaue dir die Bilder an.

Lieblingssandwich von Jan

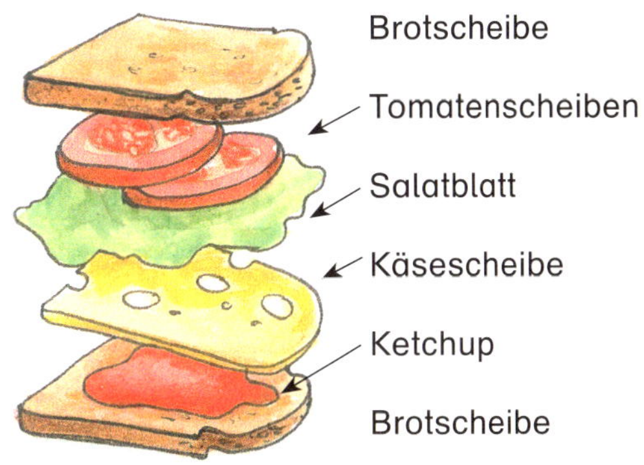

Lieblingssandwich von Inga

2 Wer hat hier sein Sandwich beschrieben?
Lies die Beschreibung.

Zuerst bestreiche ich die untere Brotscheibe mit Mayonnaise.
Darauf lege ich eine Scheibe Salami.
Danach lege ich einige Gurkenscheiben auf die Salami.
Darüber kommt ein gewaschenes Salatblatt.
Zum Schluss lege ich noch eine Brotscheibe darauf.

3 Sieh dir nun das andere Bild genau an.
Schreibe auf, wie Inga ihr Sandwich zubereitet.
Diese Satzanfänge helfen dir dabei:

zum Schluss	darüber	darauf
hinterher	darunter	zuerst
dann	danach	zuletzt

4 Male dein Sandwich in dein Heft und beschrifte es.
Schreibe auf, wie du dein Sandwich zubereitest.

Stichwörter aufschreiben

1 Lest den Text über das Riesenrad.

Das größte Riesenrad der Welt

Die Stadt New York in den USA will das größte Riesenrad der Welt bauen. Es soll 192 Meter hoch werden. Das ist ungefähr so hoch wie ein Haus mit 55 Stockwerken. Eine Fahrt in einer Gondel wird fast 30 Minuten dauern. So lange braucht nämlich das Riesenrad für eine Umdrehung. 1500 Menschen werden darin Platz haben. Im Jahr 2016 soll diese Attraktion fertig gebaut sein.

2 Dina, Sami und Martha haben mit Stichwortzetteln für einen Vortrag angefangen. Vergleicht die Stichwortzettel.

- Die Stadt New York in den USA will das größte Riesenrad bauen.
- Es wird 192 m hoch.

Dina

- New York
  größtes Riesenrad der Welt
- 192 m hoch

Sami

- Welt
- Meter

Martha

3 Schreibt einen vollständigen Stichwortzettel zu dem Text.

4 Erzähle einem anderen Kind mithilfe deiner Stichwörter, was im Text steht. Vergleicht eure Stichwörter.

5 In welchen anderen Situationen kann das Notieren von Stichwörter hilfreich sein?
Sprecht darüber.

▸ Zweckorientiert schreiben
▸ Einem Text Informationen entnehmen

▸ Lernen: S. 14
▸ Essen: S. 113
▸ Meerestiere: S. 120
▸ Arbeitsheft: S. 35

Was kann ich nun? 1

Entscheide jeweils, welche der drei Aufgaben
du lösen möchtest. Überlege hinterher:
War es zu leicht, zu schwer oder genau richtig?

Einen Brief schreiben ▸ Seite 42

◇ **1** Welche vier Bausteine muss ein Brief enthalten?
Schreibe auf.

Datum   Wetterbericht   Anrede   Grußformel   Unterschrift

◇◇ **2** Schreibe Anreden und Grußformeln für einen Brief auf.

◇◇◇ **3** Setze die passenden Anredepronomen in den Brief ein.
Ergänze den Brief um einige Sätze und schreibe ihn ab.

Sehr geehrte Frau Persch,
wir fanden den Besuch bei ___ in der Bücherei
sehr interessant. ___ haben uns alles so toll erklärt.
Freundliche Grüße
___ 3b

Ein Haiku schreiben ▸ Seite 37

◇ **1** Was stimmt?
Schreibe den richtigen Satz auf.
a) Ein Haiku besteht aus elf Wörtern.
b) Ein Haiku besteht aus drei Zeilen,
jede Zeile hat eine festgelegte Silbenanzahl.

◇◇ **2** Ergänze und schreibe den Satz auf.
Die Anzahl der Silben in einem Haiku ist so festgelegt:
1. Zeile: ___ Silben   2. Zeile: ___ Silben   3. Zeile: ___ Silben.

◇◇◇ **3** Schreibe ein eigenes Haiku.

- Lernprozesse reflektieren
- Lernergebnisse präsentieren

▸ Arbeitsheft: S. 69
▸ Förderheft: S. 55
▸ Forderkartei: Nr. 115,116

Was kann ich nun? 2

Geschichten entwickeln: der rote Faden ▸ Seite 28

◇ **1** Welche beiden Sätze stimmen? Schreibe sie ab.
a) Eine Geschichte besteht aus Anfang, Mittelteil und Schluss.
b) Eine Geschichte besteht immer aus vier Sätzen.
c) Im Mittelteil passiert etwas Besonderes oder Problematisches.

◇◇ **2** Was bedeuten diese drei Symbole des roten Fadens?
Ordne die richtigen Sätze zu und schreibe sie auf.

Was unternimmt die Figur, um das Problem zu lösen?

Welche Idee hat die Figur?

Welches Problem tritt auf?

◇◇◇ **3** Schreibe mit den Symbolen  und  einen Geschichtenanfang.

Märchenmerkmale kennen ▸ Seite 38, 40

◇ **1** Ordne diese Märchenwörter nach Personen, Tieren und Orten.

Prinzessin	Drachen	Schloss	Riese
Schlange	Zwerg	Wald	Fuchs
Brunnen	König	Kröte	Keller
Müller	Eule		

◇◇ **2** Nenne magische Gegenstände und schreibe auf, was sie können.

◇◇◇ **3** Schreibe die ersten Sätze eines Märchens auf.

Das …

▸ Lernprozesse reflektieren
▸ Lernergebnisse präsentieren

▸ Arbeitsheft: S. 69
▸ Förderheft: S. 55
▸ Forderkartei: Nr. 115,116

Was kann ich nun? 3

Spannend erzählen

▸ Seite 32

◇ **1** Schreibe zehn Spannungswörter auf.

◇◇ **2** Schreibe diesen Text spannender auf.

Gestern ging ich in den Keller.
Ich ging die Treppe runter.
Im Keller war es dunkel.
Ich hörte ein Geräusch.
Ich zitterte vor Angst.
Ich knipste das Licht an.
Ach, es war nur der Wind.

◇◇◇ **3** Schreibe mit diesen Wörtern eine spannende Geschichte.

ein Schrei verschlossene Tür leise unheimlich Angst

Stichwörter

▸ Seite 44

◇ **1** Was sind Stichwörter?

a) Adjektive b) wichtige Wörter c) Mückenstiche

◇◇ **2** Schreibe Stichwörter zu diesem Text auf.

Blauwale sind die größten Tiere der Welt.
Es sind Säugetiere, die perfekt an das Leben im Meer angepasst sind.
Blauwale werden bis zu 33 m lang und bis zu 200 t schwer.
Sie können bis zu 150 Meter tief tauchen.

◇◇◇ **3** Wozu sind Stichwörter gut? Schreibe auf.

- Lernprozesse reflektieren
- Lernergebnisse präsentieren

▸ Arbeitsheft: S. 69
▸ Förderheft: S. 55
▸ Forderkartei: Nr. 115,116

Werkstatt: Richtig schreiben

Mit Klassenwörtern arbeiten

Klassenwörter Nr. 1
der Sommer
tief
das Meer, die Meere
kalt
spielen, er spielt
viel
der Strand, die Strände
heiß
schwimmen, er schwimmt
das Boot, die Boote
wieder
die Sandburg,
die Sandburgen
der Sonnenhut,
die Sonnenhüte
die Qualle, die Quallen

Ich glaube, **Sommer** ist ein **Merkwort**. Der Stolperstein ist **mm**.

Für mich ist **Sommer** ein **Nachdenkwort**: Nach einem kurzen Selbstlaut folgen zwei Mitlaute!

Ich finde, **Sommer** ist ein **Mitsprechwort**: Som-mer.

Ich finde, **tief** ist ein **Merkwort**. Der Stolperstein ist das **ie**.

Nein, für mich ist **tief** ein **Nachdenkwort**: Weil das **i** lang klingt, schreibt man fast immer **ie**.

Ich glaube, **kalt** ist das **Mitsprechwort**. Das müssen wir nicht üben.

1 Sprecht über die Stolpersteine in den Klassenwörtern.

Strategie

Bei **Mitsprechwörtern** kannst du alle Buchstaben hören.
Bei **Nachdenkwörtern** helfen Regeln und Strategien.
Merkwörter musst du dir merken.

2 Schreibt mit den Klassenwörtern Sätze oder einen Text.

3 Übt die Wörter mit Aufgaben von Seite 65.

4 Sammelt weitere Wörter mit **ie** und übt sie.

Wörter einer Wortfamilie schreiben

1 Welcher Wortteil kommt in allen vier Wörtern vor?

rollen Roller gerollt abrollen

Strategie: Ableiten

Wörter einer Wortfamilie
haben denselben Wortstamm: wohnen, Wohnung, bewohnt.
Wenn du den Wortstamm kennst, kannst du auch meist
die anderen Wörter der Wortfamilie richtig schreiben.

2 Schreibe die Wortfamilien auf. Unterstreiche die Wortstämme:
Rührei, rühren, …

Rührei meckern rühren glücklich befreunden
anmeckern rührte freundlich geglückt Freund
Meckerei Glück gemeckert Freundin Unglück

3 In diesen Wortfamilien verändern sich die Wortstämme ein wenig.
Schreibe die Wortfamilien auf. Unterstreiche die Wortstämme:
küssen, Kuss, …

küssen finden kalt gerannt rennen gefunden
erkälten Kuss losrennen Fundbüro geküsst
Kälte fand Erkältung rannte küsste

4 Schreibe mit drei Wörtern einer Wortfamilie einen kurzen Text, zum Beispiel so:
Gestern habe ich einen Ring gefunden.
Ich habe ihn mit meiner Mutter zum Fundbüro gebracht.
Von der Besitzerin habe ich einen Finderlohn bekommen!

Lange und kurze Selbstlaute unterscheiden

1 Besprecht gemeinsam: Klingt der Anlaut lang oder kurz?

Abend Ampel

Esel Ente

Igel Insel

oben Ordner

Ufo unten

2 Ist der erste Selbstlaut lang oder kurz? Überlegt gemeinsam.

Fuß	hinten	Fluss	Tiger	kosten
rot	fressen	Vater	lesen	Tante
Löwe	Wälder	brüllen	Tränen	können

3 Schreibe die Wörter von Aufgabe 2 geordnet auf. Markiere so:
Langer Selbstlaut: Fuß, … *Kurzer Selbstlaut: hinten, …*

4 Kreise die Mitlaute ein, die auf die markierten Selbstlaute folgen.

Merksatz

Auf einen langen Selbstlaut folgt nur ein Mitlaut: ra**t**en.
Auf einen kurzen Selbstlaut folgen mindestens zwei Mitlaute: ra**st**en, Ra**tt**en.

5 In jedem Wortpaar gibt es ein Wort wirklich und eins nicht.
Sprecht euch die Wörter vor.

rufen – ruffen	leben – lebben	Wane – Wanne
drinen – drinnen	trefen – treffen	spülen – spüllen
wolen – wollen	lügen – lüggen	reten – retten

Nachdenkwörter: doppelte Mitlaute schreiben

Strategie: Auf den Selbstlaut achten

Wenn du nach einem kurzen Selbstlaut nur einen Mitlaut hörst, wird er beim Schreiben verdoppelt: Ta**nn**e

1 Immer zwei Nomen reimen sich.
Sprich und schreibe die Reimpaare mit Trennstrichen auf:
Son-ne – Ton-ne, …

Schimmel		Butter	Himmel	Tonne	
Suppe		Klasse	Mutter		
Watte	Keller	Wanne	Matte	Kanne	

2 Sprich und schreibe die Verben mit Trennstrichen auf:
stim-men, …

stimmen	rennen	klappern	brüllen	küssen
sollen	kennen	retten	brummen	kommen
wollen	müssen	stellen	hoffen	brennen

3 Schreibe die Verben in der gebeugten Form mit **er** oder **es** auf.
Der doppelte Mitlaut bleibt erhalten: es stimmt, er rennt, …

4 Schreibe die Adjektive mit Nomen auf: die helle Sonne, …

hell dumm toll schnell dünn nett

5 Bilde mit je zwei oder drei Wörtern von dieser Seite Sätze:
Es dürfen auch Witzsätze sein: Die dünne Suppe klappert.

▶ Rechtschreibstrategien anwenden: Vokallänge prüfen

▶ Arbeitsheft: S. 38
▶ Fö/Fo: S. 30 / Nr. 65,66
▶ AH inklusiv: S. 5,7,42-44

Nachdenkwörter mit ck und mit tz schreiben

Strategie: Auf den Selbstlaut achten

Wenn du nach einem kurzen Selbstlaut (k) oder (z) hörst, schreibst du **ck** oder **tz**: Zu**ck**er, Ka**tz**e

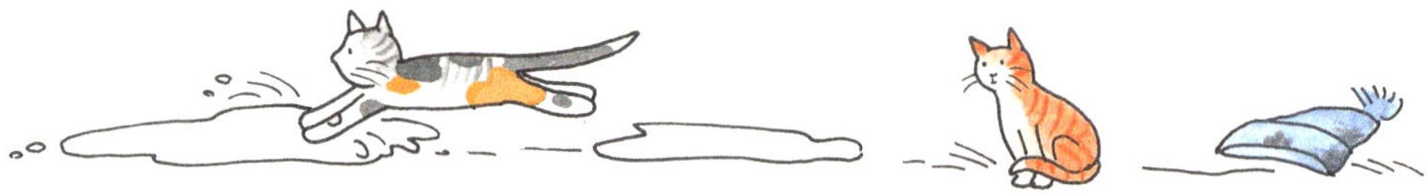

1 Schreibe die Wörter mit **ck** als Reimpaare: backen – packen, ...

backen Jacke packen gucken spucken
Backe Brücke dreckig Stücke fleckig
meckern trocken kleckern Socken

2 Schreibe die Wörter mit **tz** als Reimpaare: sitzen – spritzen, ...

sitzen setzen Mütze spritzen petzen
Glatze Hitze Pfütze Blitze Katze
schützen verschmutzen nützen putzen

3 Schreibe Verben mit **ck** oder **tz** in der gebeugten Form mit er:
er backt, ... er sitzt, ...

4 Schreibe Sätze, in denen Wörter mit **ck** und mit **tz** vorkommen.

Merksatz

Wörter mit **ck** werden so getrennt
wie Wörter mit **ch**: Stri-**ck**e wie Stri-**ch**e.
Wörter mit **tz** werden zwischen **t** und **z** getrennt: sit-zen.

5 Schreibe die Wörter von dieser Seite mit Trennstrichen auf:
ba-cken, ... sit-zen, ...

▸ Rechtschreibstrategien kennenlernen und nutzen: Vokallänge prüfen

▸ Arbeitsheft: S. 39,40
▸ Fö/Fo: S. 32,33 / Nr. 67,68
▸ AH inklusiv: S. 45

Forscheraufgaben für Seite 54: Nachdenkwörter mit ß und ss unterscheiden

1 Sprecht euch die beiden Fantasiewörter in den Sprechblasen einmal gegenseitig vor und hört euch aufmerksam zu.

2 Denkt euch selbst Fantasiewörter mit **ß** und **ss** aus.

3 Beschreibt die Unterschiede zwischen den Fantasiewörtern mit **ß** und den Fantasiewörtern mit **ss**.

4 Sucht in der Wörterliste Wörter mit **ß** und mit **ss**.
Sprecht sie auch laut aus.
Achtet auf die Länge der Selbstlaute vor dem **ß** und dem **ss**.

5 Überlegt euch nun eine Regel:
Wann werden Wörter mit **ß** oder mit **ss** geschrieben?
Das kann euch dabei helfen:
Nach einem langen Selbstlaut …
Nach einen kurzem Selbstlaut …

6 Welche Bildwörter schreibt man mit **ß**, welche mit **ss**?
Schreibt sie auf.

- Über das Lernen sprechen
- Einsichten in die Wortbildung gewinnen

▸ Arbeitsheft: S. 41
▸ Förderheft: S. 31
▸ Forderkartei: Nr. 69,70

Nachdenkwörter mit ß und ss unterscheiden

Löst zuerst die Forscheraufgaben auf Seite 53.

Strategie: Auf den Selbstlaut achten

ß oder **ss**?
Nach einem langen Selbstlaut oder **au, äu, ei, eu, ie** schreibst du **ß**: grüßen, Straße, gießen.
Nach einem kurzen Selbstlaut schreibst du **ss**:
küssen, Gasse, Wasser

1 Probiert aus, welche Wörter mit langem Selbstlaut und welche mit kurzem Selbstlaut geschrieben werden.

die Kla e die Stra e sü das Wa er na
wei der Schlü el gro der Fu der Flu
die Schü el der Scho be er sto en

2 Schreibe die Wörter von Aufgabe 1 auf und setze **ß** oder **ss** ein. Kontrolliere mit der Wörterliste.

3 Lest den Text gemeinsam und überlegt: **ß** oder **ss**?

Besuch
Drau en auf dem Schulhof hüpft ein Eichhörnchen durch das na e Laub. Nun sitzt es ganz nah vor unserem Kla enraum! In seinen winzigen Pfötchen hält es eine gro e Nu . „Oh, wie sü !“, rufen einige Kinder. Ich würde es gern einmal anfa en.
Aber dann würde es mich sicher bei en.
Also werde ich es blo anschauen.

4 Schreibe den Text richtig auf.

▸ Rechtschreibstrategien kennenlernen und nutzen: Vokallänge prüfen

▸ Arbeitsheft: S. 41
▸ Förderheft: S. 31
▸ Forderkartei: Nr. 69,70

Nachdenkwörter mit b, d, g verlängern

1 Verlängere die Wörter und schreibe so:
rund – runde, Schild – Schilder, … .

rund	Schild	lieb	Dieb	Berg	blind
klug	Land	wild	Kind	Tag	Hand
Hemd	Rad	Kalb	Pferd	fremd	halb

Strategie: Verlängern

Wenn du ein Wort verlängerst,
hörst du, wie es am Wortende geschrieben wird:
lie**b** – lie**b**e, run**d** – run**d**e, Zwer**g** – Zwer**g**e.

2 Lest den Text und prüft gemeinsam durch Verlängern:
b oder **p**? **d** oder **t**? **g** oder **k**?

Der Geburtsta▢
Morgen wird Eda acht Jahre al▢. Ob sie wohl das Fahrra▢
bekommt, das sie letzten Mona▢ bewundert hat?
Der Rahmen war ro▢ und der Sattel gel▢ und der Kor▢
sah aus wie eine Bur▢. Ach, das alte Ra▢ ist so blö▢!
Heute Aben▢ wird sie wohl niemals einschlafen …
Aber da – Musik, Kerzen, Kuchen!
Und was lehnt da an der Wan▢?

3 Schreibe den Text vollständig auf.

4 Sammelt weitere Wörter, die auf **b**, **d** oder **g** enden.

- Rechtschreibstrategien anwenden: Verlängern
- Wörter sammeln

- Bücher: S. 142
- Arbeitsheft: S. 42
- Fö/Fo: S. 34 / Nr. 71
- AH inklusiv: S. 46,47

Nachdenkwörter: Verben verlängern

1 Bilde Verben: graben, …

gra- schla- zei- schrau- kle- pro- pfle-

-ben -gen

2 Bilde mit den Verben in der gebeugten Form mit **er** oder **es** Sätze:

Er gräbt im Garten ein tiefes Loch.

Strategie: Verben verlängern

Manchmal hören sich **b** und **g** in Verben wie **p** und **k** an:
er lie**b**t, sie trä**g**t.
Wenn du die Verben verlängerst, kannst du das **b** und das **g** wieder deutlich hören: lie**b**en, tra**g**en.

3 **b** oder **p**? **g** oder **k**? Lest die Verben gemeinsam.

es stin_t es blei_t sie trin_t er schrei_t sie flie_t
er pu_t er krie_t er sa_t sie fra_t sie hu_t
sie rau_t sie fän_t sie glau_t es hän_t

4 Schreibe die Verben so auf:

stinken – es stinkt, …

5 Suche Reimpaare und schreibe sie auf:

es stinkt – sie trinkt, …

6 Schreibe mit Verben von dieser Seite einen kleinen Text.

▸ Rechtschreibstrategien anwenden: Verlängern
▸ Grundform bilden
▸ Sprache untersuchen: S. 79
▸ Arbeitsheft: S. 43
▸ Fö/Fo: S. 35 / Nr. 72
▸ AH inklusiv: S. 46,47

Nachdenkwörter mit ä und äu ableiten

1 Schreibt die Bildwörter so auf: Baum – Bäume, …

Strategie: Ableiten

ä oder **e**? **äu** oder **eu**?
Wenn du verwandte Wörter mit **a** oder **au** findest,
schreibt man fast immer **ä** oder **äu**:
f**a**ngen – er f**ä**ngt, l**au**fen – er l**äu**ft.

2 Schreibe die Wörter so auf: sie hält – halten, …

sie hält   er trägt   er schläft   sie fährt   sie läuft
länger   kämmen   verdächtig   es schäumt

3 Lest den Text und prüft gemeinsam: **ä** oder **e**? **äu** oder **eu**?

Unwetter
Bl_tter und Papierf_tzen werden kr_ftig durch die Straßen gewirbelt. Da – der erste Tropfen f_llt! Immer st_rker prasselt der Regen auf Straßen und H_ser. L_te mit Schirmen k_mpfen gegen den Wind. Doch so schn_ll, wie der Regen anf_ngt, ist er auch wieder vorbei.

4 Führt Rechtschreibgespräche über die Lückenwörter.

5 Schreibt eure Begründungen für einige Lückenwörter auf.

6 Schreibe den Text vollständig auf.

7 Sammelt weitere Wörter mit **ä** oder **äu**.

Wörter mit langen Selbstlauten sortieren

1 Sprecht euch diese Wortpaare einmal vor.
Achtet dabei besonders auf den Selbstlaut **a**.
Was fällt euch auf?

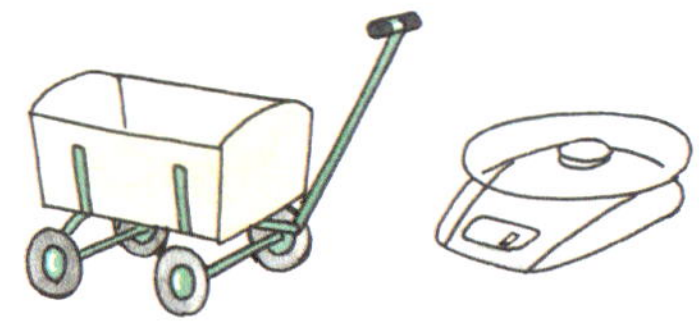

Merksatz

Meistens hat ein langer Selbstlaut
keine besonderen Kennzeichen: W**a**l.
Manchmal ist er mit einem **h** gekennzeichnet: W**ah**l.
In wenigen Wörtern wird der Selbstlaut verdoppelt: W**aa**ge.
Das **h** und die Verdopplung kann man nicht hören.
Solche Wörter sind Merkwörter.

2 Diese Wörter haben alle einen langen Selbstlaut.
Schreibe die Wörter auf Zettel.

Sohn	Rose	Haare	leben	Kran
Nagel	grün	fehlen	Leder	rot
sehr	Schule	Lupe	Boot	Tür
Beere	Blume	holen	nehmen	Bahn

3 Ordnet die Wörter und besprecht gemeinsam:
Welche Wörter sind Merkwörter?
Welche Wörter sind Mitsprechwörter?

Mitsprechwörter	Merkwörter
Rose	Sohn
	Haare

▸ Rechtschreibstrategien kennenlernen: Merken
▸ Vokallänge prüfen
▸ A wie Anfang: S. 9
▸ Förderheft: S. 28
▸ Forderkartei: Nr. 74
▸ AH inklusiv: S. 5,7

Merkwörter mit Dehnungs-h üben

Merksatz

Wörter, in denen der lange Selbstlaut mit einem Dehnungs-h gekennzeichnet ist, sind Merkwörter: Wahl. Dieses **h** bleibt in allen Wörtern einer Wortfamilie erhalten: wählen, gewählt.

1 Immer drei (vier) Wörter gehören zu einer Wortfamilie. Schreibe sie zusammen auf:
fahren, abfahren, Fahrzeug, …

fahren	fühlen	zählen	wohnen	fehlen
Gefühl	Fehler	gezählt	Wohnung	abfahren
fehlte	Fahrzeug	wohnt	Zahl	Fühler
gewohnt	Fahrer	gefühlt	erzählen	gefehlt

2 Schreibe diese Wörter geordnet auf:
hl: kühl, … hm: Rahmen, … hn: ohne, … hr: Uhr, …

kühl Rahmen ohne  nehmen

 mehr  sehr 

Bahn wohl Sohn wehren Sahne

3 Sammelt weitere Wörter mit Dehnungs-h.

4 Suche für Wörter von dieser Seite Übungen von Seite 65.

▸ Rechtschreibstrategien kennenlernen: Merkwörter
▸ Prinzip d. Stammschreibung
▸ Richtig schreiben: S. 65
▸ Arbeitsheft: S. 45
▸ Förderheft: S. 37
▸ Forderkartei: Nr. 75,76

Merkwörter üben

1 Sprecht diese Wörter erst einmal deutlich aus.

Rosine	wachsen	Idee	Biber	Maschine
Tee	mir	Zoo	wechseln	Dachs
sechs	Herbst	Geburtstag	März	irgendwann

2 Überlegt gemeinsam:
Welche Stellen in den Wörtern sind schwierig?

Strategie: Merken

Bei Merkwörtern helfen
Mitsprechen und Strategien nicht weiter.
Du musst dir merken, wie sie geschrieben werden
oder sie im Wörterbuch nachschlagen.

3 Schreibe die Wörter geordnet auf:
Wörter mit langem i: Rosine, …
Wörter mit aa/ee/oo: Idee, …
Wörter mit chs: wachsen, …
Andere schwierige Wörter: Herbst, …

4 Sammelt zu den Merkwörtern von Aufgabe 3 noch weitere Wörter.

5 Schlage diese Merkwörter in der Wörterliste nach.

6 Sammelt andere Arten von Merkwörtern, zum Beispiel
Wörter mit **eu**, Wörter mit **ai**, Wörter mit **ih**, …

7 Suche für Wörter von dieser Seite Übungen von Seite 65.

- Rechtschreibstrategien kennenlernen: Merkwörter
- Rechtschreibhilfen nutzen

▸ Wörterliste: S. 152-161
▸ Arbeitsheft: S. 46
▸ Förderheft: S. 38

Nachdenkwörter mit h schreiben

Strategie: In Silben sprechen

Wenn bei zwei Silben zwei Selbstlaute aufeinandertreffen, setzt man oft ein **h** zwischen die Selbstlaute: dre**h**en. Dieses **h** kannst du hören, wenn du das Wort in Silben sprichst: dre-**h**en.

1 Schreibt die Wörter mit Trennstrichen auf: blü-hen, …

blühen	Höhe	Mühe	ruhen	rohe	glühen
muhen	sehen	rohe	stehen	Flöhe	Kühe
gehen	ziehen	wehen	Krähe	fliehen	Nähe

2 Markiert die Buchstaben vor und nach dem **h**.

Strategie: Ableiten

Mit oder ohne **h**?
Wenn du das Wort verlängerst und in Silben sprichst, kannst du das **h** hörbar machen: er dre**h**t – dre**h**en.

3 Schreibe die Verben von Aufgabe 1 in der gebeugten Form mit **er** oder **es** auf: es blüht, …

4 Schreibe Sätze mit den Verben in der gebeugten Form.

5 Schreibe die Wörter auch in einer verlängerten Form:
nah – näher, …

nah froh früh Reh

Zeh roh zäh Floh

▸ Rechtschreibstrategien kennenlernen: Vokallänge prüfen
▸ Sprache untersuchen: S. 79
▸ Arbeitsheft: S. 47
▸ Förderheft: S. 39

Wortbausteine -ig und -lich: Adjektive schreiben

1 Schreibe die Adjektive in einer verlängerten Form und mit passendem Nomen auf: kräftig – kräftige – Kraft, …

kräftig lustig giftig eisig witzig dreckig

2 Schreibe die Adjektive in einer verlängerten Form und mit passendem Nomen auf: friedlich – friedliche – Frieden, …

friedlich herzlich schrecklich freundlich sportlich

Strategie: Mitsprechen

-ig oder **-lich**?
Viele Adjektive enden auf **-ig** oder **-lich**: mutig, gefährlich.
Wenn du kein **l** hörst, wird das Wort mit **-ig** geschrieben.
Wenn du ein **l** hörst, wird es meist mit **-lich** geschrieben.

3 Wendet die Strategie an:
Jedes Kind sammelt erst einmal allein aus der Wörterliste Adjektive auf **-ig** und **-lich**.
Sprecht sie euch dann abwechselnd vor. Wer zuhört, sagt, ob das Adjektiv wohl mit **-ig** oder mit **-lich** geschrieben wird.

4 Übe die gesammelten Adjektive wie bei Aufgabe 1 und 2.

5 Schreibe mit den Adjektiven von dieser Seite Sätze.

▸ Grammatisches Wissen für die Rechtschreibung nutzen

▸ Sprache untersuchen: S. 76
▸ Essen: S. 114, 116
▸ Wörterliste: S. 152-161
▸ Arbeitsheft: S. 48
▸ Forderkartei: Nr. 81

Nachdenkwörter: Zusammentreffen gleicher Buchstaben beachten

1 Warum passiert beim Wort aussuchen manchmal dieser Fehler: *ausuchen*? Überlegt gemeinsam.

Strategie: Zerlegen

Wenn du ein zusammengesetztes Wort zerlegst, erkennst du, ob zwei gleiche Buchstaben aufeinandertreffen. Du musst dann auch beide Buchstaben schreiben:
au**s** + **s**ehen – au**ss**ehen.

2 **r** oder **rr**? Überlegt gemeinsam.

Oh ing   Tü ahmen   Arm eifen   Tie heim   Fah ad

3 Schreibe aus jedem Kasten die zusammengesetzten Verben auf, bei denen gleiche Buchstaben aufeinandertreffen:
abbrechen, …

ab	fallen	weg	rechnen	an	rühren
zer	brechen	vor	täuschen	unter	eilen
auf	reißen	ent	gehen	be	nehmen

4 Setze die Nomen so zusammen, dass zwei gleiche Buchstaben aufeinandertreffen: *Berggorilla, …*

Berg	Laub	Sport	Stroh	Wasser	Telefon
Baum	Gorilla	Hut	Nummer	Rohr	Tasche

5 Sammelt zusammengesetzte Wörter, in denen zwei gleiche Buchstaben zusammentreffen.

Wörter großschreiben

1 Welche Wörter müssen großgeschrieben werden?
Überlegt gemeinsam.

… einen ausflug …	den ganzen tag …	… so ein spaß …
lena wollte eis …	eine qualle lag …	

Merksatz

Satzanfänge werden großgeschrieben.
Nomen und Namen werden großgeschrieben.
Alle anderen Wörter werden kleingeschrieben.

2 Schreibe die Wortgruppen von Aufgabe 1 richtig auf.

3 In diesem Text wurden alle Wörter kleingeschrieben.
Sucht gemeinsam die zwölf (siebzehn) Wörter,
die großgeschrieben werden müssen.

so eine umweltverschmutzung
gestern am strand sah ich, wie eine frau eine plastiktüte einfach auf den boden geworfen hat. und dann flog die tüte auch noch ins meer! da packte mich eine große wut.
die erwachsenen müssten das doch eigentlich besser wissen! manchmal sind wir kinder die besseren vorbilder!

4 Schreibe den Text von Aufgabe 3 richtig auf.

5 Überprüft einen eigenen Text auf Groß- und Kleinschreibung.

Wörter üben

Hier siehst du, wie du Wörter üben kannst.
Wähle beim Üben aus jedem Kasten eine Übung aus.

a Schreibe die Wörter ab.
Beachte die Abschreibregeln: genau anschauen – merken – auswendig schreiben – vergleichen – berichtigen.

b Bilde mit den Wörtern Sätze.

c Lass dir die Wörter von einem anderen Kind diktieren.
Wer diktiert, passt auf, dass alles richtig ist. Bei einem Fehler sagt ihr: „Stopp, überlege noch einmal!"

d Ordne die Wörter nach dem Alphabet.

e Ordne die Wörter nach der Anzahl ihrer Silben:
eine Silbe: … zwei Silben: … drei Silben: …

f Ordne die Wörter nach der Anzahl ihrer Buchstaben:
3 Buchstaben: … 4 Buchstaben: … 5 Buchstaben: …

g Schreibe die Wörter aus der Wortfamilie auf.
Unterstreiche die Wortstämme:
Kälte, kalt, erkälten, kälter.

h Ordne die Wörter:
Wörter mit doppelten Mitlauten: …
Wörter mit -ig: …
Wörter mit b, d, g am Wortende: …
Merkwörter: …
Wörter mit ie: …
Wörter mit -lich: …
Wörter mit ä/äu: …
…

i Suche zu den Wörtern Reimwörter.

▸ Übungsmethoden anwenden
▸ Fehlersensibilität
▸ Rechtschreibkompetenz

▸ Abschreibtexte aller Übungskisten 1 der Themen-Kapitel

Fehler finden mit der Rechtschreib-Lupe

So kannst du Texte mit der Rechtschreib-Lupe überarbeiten. Unterstreiche Fehler in deinen Texten mit dem Bleistift.

Vorwärts lesen:
- Hat jeder Satz ein Satzzeichen?
- Sind alle Satzanfänge großgeschrieben?
- Sind die Nomen und Namen großgeschrieben?

Rückwärts lesen, Wort für Wort:
Hast du das Gefühl, dass etwas falsch geschrieben ist?
Überprüfe:
- Ist es ein **Mitsprechwort**? Dann sprich deutlich mit.
- Ist es ein **Nachdenkwort**? Das könnte dir helfen:
  - auf lange und kurze Selbstlaute achten
  - das Wort verlängern oder ableiten
  - in Wortbausteine zerlegen und auf den Wortstamm achten
- Ist es ein **Merkwort**? Schlage im Wörterbuch nach.

1 Sucht gemeinsam mit der Rechtschreib-Lupe die sieben (zehn) Fehler in diesem Text.

Ein tag voller Äpfel
Am Samstak bin ich mit meinem Onkel schon ganz frü auf einen Apfelhof gefahren. Dort durften ale Kinder verschiedene Äpfel probieren. Mir hat eine sorte besonders gut geschmekt. Deshalb habe ich meinen Onkel mal abeißen lassen. zu Hause haben wir noch einen Apfelkuchen gebaken Lecker!

2 Schreibe den Text richtig auf.

▸ Arbeitstechniken nutzen: Texte überprüfen und korrigieren
▸ Texte verfassen: S. 27
▸ Richtig schreiben: S. 64
▸ Arbeitsheft: S. 51
▸ Förderheft: S. 41
▸ Forderkartei: Nr. 85, 86

Was kann ich nun? 1

Entscheide jeweils, welche der drei Aufgaben du lösen möchtest. Überlege hinterher: War es zu leicht, zu schwer oder genau richtig?

Nachdenkwörter mit ß und ss unterscheiden ▸ Seite 54

◇ **1** Was stimmt? Schreibe den richtigen Satz auf.
a) Auf einen langen Selbstlaut folgt **ß**.
b) Auf einen kurzen Selbstlaut folgt **ß**.

◇◇ **2** **ß** oder **ss**? Schreibe die Wörter richtig auf.

kü en   Stra e   Flu   gro   wei

◇◇◇ **3** In jedem Satz ist ein Fehler versteckt. Schreibe ohne Fehler auf.

Das Nilpferd steht in der Nähe des Flusses und frißt.
Ich habe die Vase mit dem Blumenstrauß umgestossen.

Nachdenkwörter: Verben verlängern ▸ Seite 56

◇ **1** **b** oder **p** im Verb? Welche Strategie hilft? Schreibe den Satz auf.
a) Ich verlängere die Verben.
b) Ich spreche laut und deutlich.

◇◇ **2** **b** oder **p**? Schreibe die Wörter richtig auf.

er grä t   sie hu t   es blei t   es tra t

◇◇◇ **3** Schreibe drei Sätze auf. Benutze dazu diese drei Verben in der gebeugten Form mit er.

glauben   sagen   schreiben

▸ Lernprozesse reflektieren
▸ Lernergebnisse präsentieren

▸ Arbeitsheft: S. 70
▸ Fö/Fo: S. 56 / Nr. 117, 118
▸ AH inklusiv: S. 58-61

Was kann ich nun? 2

Merkwörter üben ▸ Seite 60

1 Welche Strategie hilft? Schreibe den richtigen Satz auf.
a) Bei Merkwörtern hilft deutliches Mitsprechen.
b) Merkwörter muss man sich merken.

2 Schreibe diese Merkwörter auf.

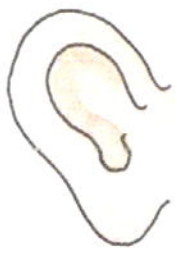

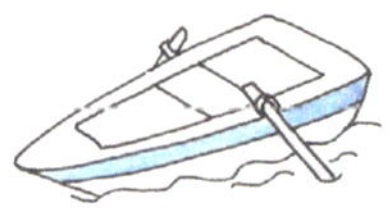

3 Schreibe andere Merkwörter mit Dehnungs-h, doppelten Selbstlauten und **chs** auf.

Nachdenkwörter mit h schreiben ▸ Seite 61

1 Was stimmt? Schreibe den richtigen Satz auf.
a) Wenn das Wort ein Nomen ist, schreibt man es immer mit **h**.
b) Wenn du das Wort in Silben sprichst, kannst du das **h** hörbar machen.

2 Bei welchen Wörtern kann man das **h** in der Mehrzahl hörbar machen? Schreibe nur diese Wörter auf.

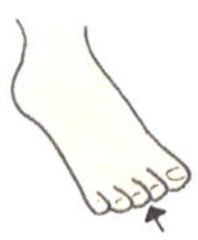

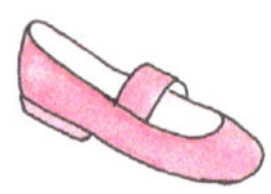

3 Schreibe drei Sätze auf. Benutze dazu diese drei Verben in der gebeugten Form mit er.

stehen   blühen   gehen

▸ Lernprozesse reflektieren
▸ Lernergebnisse präsentieren

▸ Arbeitsheft: S. 70
▸ Fö/Fo: S. 56 / Nr. 117, 118
▸ AH inklusiv: S. 58-61

Was kann ich nun? 3

Wörter einer Wortfamilie üben ▸ Seite 49

◇ **1** Schreibe die Wörter ab und markiere die Wortstämme.

Wunder   verwundert   bewundern   wunderlich

◇◇ **2** Schreibe die Sätze ab und markiere Wörter einer Wortfamilie.
Ich male unheimlich gern. Schon im Kindergarten habe ich gern gemalt. Und in den Ferien gehe ich zu einer Malerin in die Malschule!

◇◇◇ **3** Schreibe vier Wörter mit dem Wortstamm **schreck/Schreck** auf.

Zusammentreffen gleicher Buchstaben beachten ▸ Seite 63

◇ **1** Was stimmt? Schreibe den Satz vollständig auf:
Wenn zwei gleiche Buchstaben aufeinandertreffen, muss man
a) das Wort großschreiben.
b) auch beide Buchstaben schreiben.

◇◇ **2** l oder ll? Schreibe so: Stuhl + Lehne – Stuhllehne, ...

Stuh ehne   Minera wasser   Zie inie   Nage ack

◇◇◇ **3** Schreibe Verben mit Vorsilben auf, bei denen zwei gleiche Buchstaben aufeinandertreffen.

◗ Lernprozesse reflektieren
◗ Lernergebnisse präsentieren

▸ Arbeitsheft: S. 70
▸ Fö/Fo: S. 56 / Nr. 117, 118
▸ AH inklusiv: S. 58-61

Werkstatt: Sprache untersuchen

Nomen ordnen

1 Suche jedes Wort in dem Bild.

Kinder	Sattel	Blumen	Pony	Hund	Möhre
Stall	Baum	Pferde	Reiter	Strick	Mädchen

2 Schreibe die Wörter von Aufgabe 1 so auf:

Menschen: Kinder
Tiere: ...
Pflanzen: ...
Dinge: ...

Merksatz

Wörter wie Pony, Mädchen, Sattel, Möhre nennt man **Nomen**.
Nomen sind:

Wörter für **Menschen**: Kind, Reiter, ...
Wörter für **Tiere**: Pony, Hund, ...
Wörter für **Pflanzen**: Baum, Möhre, ...
Wörter für **Dinge**: Stall, Sattel, ...

3 Sammelt weitere Nomen und schreibt sie geordnet auf.

▸ Nomen erkennen

▸ Richtig schreiben: S. 64
▸ Meerestiere: S. 121
▸ Arbeitsheft: S. 52
▸ Fö/Fo: S. 42 / Nr. 89
▸ AH inklusiv: S. 12-15,18,50,51

Nomen erkennen: Wörter für Gefühle

Merksatz

Wörter für **Gefühle** können **Nomen** sein.
Sie werden **großgeschrieben**: der Ärger, das Glück, …

1 Schreibe den Text ab.

Ich habe am Strand eine Sandburg gebaut.
Das hat mir große Freude gemacht.
Dann kam aber ein Hund und hat darin herumgetrampelt.
Da habe ich die Wut gekriegt.
Aber mit viel Mühe habe ich alles wieder repariert.
Jetzt habe ich wieder Spaß daran.

2 Überlegt gemeinsam, welche Wörter Nomen für Gefühle sind. Markiert sie.

3 Das sind Nomen für Gefühle. Schreibe sie mit Artikel auf:
der Ärger, … Schlage dazu in der Wörterliste nach.

Traurigkeit	Ärger	Freude	Glück
Langeweile	Angst	Spaß	Wut

4 Schreibe die Sätze zu Ende.

Ich habe großen Spaß, wenn ___.
Es macht mir Angst, dass ___.
Neulich hatte ich Pech, als ___.
Ich strahle vor Glück, wenn ___.
Mich packt die Wut, weil ___.

5 Unterstreiche die Nomen für Gefühle.

▸ Nomen erkennen: Abstrakta
▸ Nomen verwenden
▸ Richtig schreiben: S. 64
▸ Arbeitsheft: S. 53
▸ Förderheft: S. 43
▸ Forderkartei: Nr. 90

Nomen erkennen: Wörter für Zeiten

Merksatz

Wörter für die Namen der **Jahreszeiten**, der **Monate**, der **Wochentage** und der **Tageszeiten** sind **Nomen**. Sie werden großgeschrieben: die **P**ause, der **M**orgen.

1 Suche die Wörter in der Wörtersammlung und schreibe sie geordnet auf.

- 4 Nomen für die Jahreszeiten: Frühling, ...
- 7 Nomen für die Wochentage: Montag, ...
- 12 Nomen für die Monate: Januar, Februar, ...

2 Welche sieben Nomen bleiben übrig? Schreibe sie auf.

....

3 Schreibe den Vers ab. Schreibe die Namen für die vier Tageszeiten mit großem Anfangsbuchstaben.

Am MORGEN geht die Sonne auf,
am MITTAG nimmt sie ihren Lauf,
am ABEND will sie untergehn,
in der NACHT, da ist sie nicht zu sehn.

4 Suche dir Wörter aus der Wörtersammlung aus. Schreibe eigene Sätze.

April
August
Dezember
Dienstag
Donnerstag
Februar
Freitag
Frühling
Herbst
Jahr
Januar
Juli
Juni
Mai
März
Minute
Mittwoch
Monat
Montag
November
Oktober
Pause
Samstag
Sekunde
September
Sommer
Sonntag
Tag
Winter
Woche

▶ Grammatisches Wissen für die Rechtschreibung nutzen
▶ Nomen erkennen
▶ Richtig schreiben: S. 64
▶ Arbeitsheft: S. 53
▶ Forder Kartei: Nr. 91

Die Mehrzahl bilden

1 Schreibe die Sätze vollständig auf.

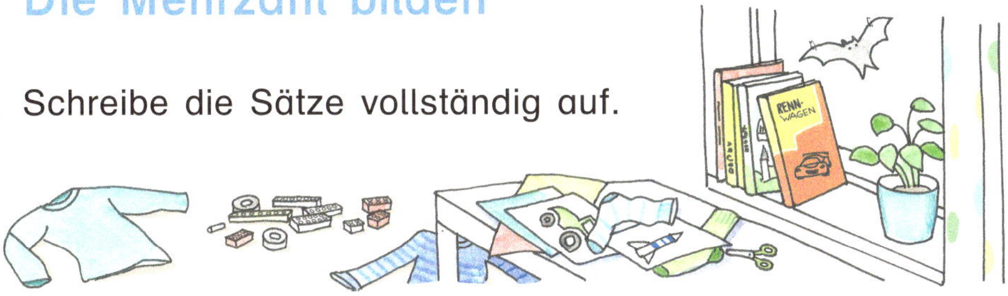

Durcheinander im Kinderzimmer!
Auf dem Fußboden liegen die ______ und ______.
Auf dem Fensterbrett stehen die ______.
Auf dem Schreibtisch liegen ______ und ______ herum.
Man müsste wieder einmal aufräumen!

Socken
Bücher
Bausteine
Pullis
Bilder

2 Unterstreiche, woran du die Mehrzahl erkennst: Bücher, …

Merksatz

Nomen haben **Einzahl (Singular)** und **Mehrzahl (Plural)**.
Die Mehrzahl bildet man mit Endungen:
der Junge – die Jung**en**, der Pulli – die Pulli**s**
oder mit Umlauten:
der Bruder – die Br**ü**der, die Maus – die M**äu**se.

3 Sprecht diese Nomen in der Mehrzahl: die Babys, …

Baby	Frau	Vater	Uhr	Bild	Vogel
Tisch	Fisch	Katze	Ei	Löwe	Zebra

4 Schreibe die Wörter in der Mehrzahl geordnet auf.
Unterstreiche die Stellen, an denen du die Mehrzahl erkennst.

Mehrzahl mit -s: die Babys, …
Mehrzahl mit -e: …
Mehrzahl mit ä, ö, ü: …
Mehrzahl mit -n, -en: …
Mehrzahl mit -er: …

5 Schreibe noch weitere Mehrzahlwörter dazu.

- Fachbegriffe verwenden
- Einsichten in die Wortbildung gewinnen

▶ Richtig schreiben: S. 64

▶ Arbeitsheft: S. 54
▶ Förderheft: S. 45
▶ AH inklusiv: S. 50

Nomen erkennen

1 In diesem Satz kommt sechsmal FLIEGEN vor.
Aber welche der Wörter soll man nun groß-
und welche kleinschreiben? Sprecht miteinander darüber.

Wenn FLIEGEN hinter FLIEGEN FLIEGEN,
dann FLIEGEN FLIEGEN FLIEGEN hinterher.

2 Mit der Artikelprobe kann man erkennen,
wann FLIEGEN großgeschrieben wird:
Wenn du vor eines der Wörter einen Artikel einsetzen kannst,
dann ist es ein Nomen. Setze bei den Sternen **die** oder **den** ein
und schreibe den Satz auf:
Wenn die Fliegen hinter …

Wenn *FLIEGEN hinter *FLIEGEN FLIEGEN,
dann FLIEGEN *FLIEGEN *FLIEGEN hinterher.

Merksatz

Ein **Nomen** kann man auch daran erkennen,
dass ein Artikel davorstehen kann.
Die **Artikel** heißen der, die, das, den, dem, des
und ein, eine, einem, einen, einer, eines.

3 In jedem Satz ist eines der markierten Wörter ein Nomen.
Macht die Artikelprobe und schreibt die Sätze richtig auf.

Auf der Sandbank ROBBEN ROBBEN.
Die Kletterer SEILEN sich an SEILEN ab.

4 Schreibe selbst einige Sätze mit
PFEIFEN, TROMMELN, SÄGEN, FLÖTEN.
Setze Artikel ein: *Auf den Pfeifen kann man pfeifen. …*

- Grammatisches Wissen für die Rechtschreibung nutzen
- Nomen erkennen

- Richtig schreiben: S. 64
- Arbeitsheft: S. 55
- Fö/Fo: S. 46 / Nr. 92
- AH inklusiv: S. 50,51

Anredepronomen verwenden

1 Sprecht über die Situation in der Eisdiele.

2 Wann sprecht ihr jemanden mit du an? Wann mit Sie? Gebt Beispiele dafür.

3 Schreibe auf, welche Menschen du mit (du) und welche du mit (Sie) ansprichst.

Merksatz

Man kann einen anderen Menschen
mit du oder mit Sie anreden.
Diese beiden Wörter nennt man Anredepronomen.
In Briefen schreibt man die **Anredepronomen**
Sie, Ihnen, Ihr groß:
Ich wünsche **Ihnen** alles Gute – und grüße **Sie** herzlich.

4 Schreibe so eine Postkarte an eine Person, die du siezt:

Hallo Frau/Herr …, ich schicke Ihnen …

Adjektive erkennen und verwenden

1 In jedem Satz steht ein Adjektiv. Es sagt, wie etwas ist. Wie heißt es?

Das Meer ist blau.
Die Pfütze ist schmutzig.
Das Quellwasser ist frisch.
Das Badewasser ist warm.

2 Schreibe so auf und unterstreiche die Adjektive:
das <u>blaue</u> Meer, die … Pfütze, …

3 Setze beim Abschreiben die passenden Adjektive in die Sätze ein:
Am Abend kam ein heftiges Gewitter auf. …

Gewitter
Am Abend kam ein ______ Gewitter auf.
Die ______ Tropfen klatschten gegen die Scheiben.
Es wurde ganz ______.
Die Blitze leuchteten ______.
Danach krachte immer ein ______ Donner.

lauter
heftiges
finster
dicken
hell

Strategie

Wenn du etwas genauer beschreiben möchtest, dann helfen dir **Adjektive**:
Das Wetter ist (wie?) **schrecklich.** –
das (Was für ein?) **schreckliche** Wetter

4 Sucht zu zweit zu jedem Nomen ein passendes Adjektiv aus und vergleicht eure Ergebnisse: die helle Sonne, …

die ______ Wolke
der ______ Himmel
das ______ Wetter
das ______ Unwetter

graue	klare	blaue	gute	helle
laute	schöne	warme	schwarze	schreckliche

▸ Adjektive erkennen und im Satzkontext anwenden

▸ Richtig schreiben: S. 62
▸ Arbeitsheft: S. 56
▸ Fö/Fo: S. 47 / Nr. 93,94
▸ AH inklusiv: S. 54

Mit Adjektiven vergleichen

1 Vergleicht den Apfelbaum, die Tanne, den Kran, das Haus und den Bagger. Wer ist größer, wer ist am größten?

Merksatz

Mit Adjektiven kannst du Dinge vergleichen.
Sie haben eine **Grundform**: Der Apfelbaum ist groß.
Sie haben eine **Steigerungsform**: Der Tannenbaum ist größer.
Sie haben eine **Höchstform**: Der Kran ist am größten.

2 Setze beim Abschreiben die passenden Adjektive ein:

Der Apfelbaum ist ___ als das Haus.
Der Bagger ist genauso ___ wie das Haus.
Am ___ ist aber der Kran.

hoch　　höher　　am höchsten

3 Wann heißt es als? Wann heißt es wie?
Setzt beim Schreiben die Wörter ein. Vergleicht eure Ergebnisse.

Der Bagger ist ungefähr so groß ___ das Haus.
Der Kran ist viel größer ___ der Bagger.
Das Haus ist kleiner ___ der Apfelbaum.

4 Vergleicht die Kinder in eurer Klasse:

___ ist größer ___
___ ist kleiner ___
___ ist genauso ___

- Adjektive kennen und verwenden
- Fachbegriffe nutzen

▸ Meerstiere: S. 123

▸ Arbeitsheft: S. 57
▸ Fö/Fo: S. 48 / Nr. 95
▸ AH inklusiv: S. 55

Richtig schreiben: Artikel – Adjektiv – Nomen

1 Schreibe auf, woran man die Kinder erkennen kann.

Katrin Alex Lotte Elias Lena

schwarz	kurz	grün	lang	rot	groß
gelb	blond	blau	rund	warm	

Katrin:	der	schwarze	Zopf	das		Kleid
Alex:	die		Kappe	die		Stiefel
Lotte:	die		Haare	die		Brille
Elias:	die		Jacke	die		Haare
Lena:	die			der		

Merksatz

Zwischen einem **Artikel** und einem **Nomen** kann ein **Adjektiv** stehen:

Artikel	Adjektiv	Nomen
der	**schwarze**	**Zopf**

Das Adjektiv schreibt man klein,
das Nomen schreibt man groß.

2 Schau dich in der Klasse um. Was siehst du?
Schreibe es mit Adjektiven auf.

die ___ Wände die ___ Tafel die ___ Kinder

3 Schreibe einige Sätze. Schreibe so:

Die gelbe Schultasche steht neben dem runden Tisch.

▸ Grammatisches Wissen für die Rechtschreibung nutzen
▸ Richtig schreiben: S. 64
▸ Ich-du-wir: S. 93
▸ Arbeitsheft: S. 58
▸ Förderheft: S. 49
▸ Forderkartei: Nr. 96

Verben erkennen und verwenden

1 In jedem Satz gibt es ein Wort,
das sagt, was die Kinder tun.
Sucht dieses Wort in jedem Satz.

In der Pause laufen alle auf den Schulhof.
Manche Kinder essen Brötchen.
Andere toben auf dem Spielplatz.
Einige spielen Tischtennis.

2 Was tun die Kinder?
Setzt beim Vorlesen die passenden Verben ein.

Einige Kinder ______ miteinander.
Andere ______ wild durcheinander.
Zwei Kinder ______ an der Kletterwand.
Nach der Pause ______ alle wieder in der Klasse.

rennen
sitzen
sprechen
klettern

3 Schreibe die Sätze auf und unterstreiche die Verben.

4 Schreibe auf, was Kinder sonst noch tun.

Merksatz

In jedem Satz gibt es ein Wort, das sagt,
was jemand **tut** oder was passiert.
Solche Wörter heißen **Verben**:
gehen, sprechen, lachen, regnen, …

5 Ordnet die Verben.

sprechen toben schreien zuhören
sich anschauen dazwischenreden

Im Gesprächskreis sollte man: …
Im Gesprächskreis sollte man nicht: …

- Verben erkennen und verwenden
- Fachbegriffe anwenden

▶ Ich-du-wir: S. 98,99
▶ Wetter: S. 106
▶ Essen: S. 117

▶ AH inklusiv: S. 16,17,19,52

Zeitformen unterscheiden: Präsens – Präteritum

1 Lest den Text und sprecht darüber.

Schule früher – Schule heute

Früher saßen in einer Schulklasse manchmal über 60 Kinder.
Die Tische standen in Reihen hintereinander.
Wenn der Lehrer ein Kind etwas fragte,
dann stand es auf und antwortete.
Die Kinder hießen damals Bärbel, Gisela, Hans oder Klaus.

Heute sitzen in einer Klasse 15 bis 30 Kinder.
Die Tische stehen oft in Gruppen im Klassenraum.
Wenn die Lehrerin ein Kind etwas fragt,
dann steht es nicht auf, sondern antwortet, wenn es dran ist.
Die Kinder heißen heute ...

2 Schreibe den Text ab.
Unterstreiche die Verben.
Ergänze, wie die Kinder heute heißen.

3 Stelle die Verben in einer Tabelle gegenüber:

Präteritum (früher)	Präsens (heute)
saßen ...	sitzen ...

Merksatz

Verben verwendet man im **Präsens**, wenn man etwas über die **Gegenwart** schreibt – wie es jetzt und heute ist:
Heute **sitzen** 15 bis 30 Kinder in einer Klasse.
Das **Präteritum** verwendet man, wenn man etwas über die Vergangenheit schreibt – wie es früher war:
Früher **saßen** über 60 Kinder in einer Klasse.

4 Was weißt du von früher?
Schreibe einige Sätze im Präteritum auf.

▸ Sprachliche Strukturen und Begriffe kennen: Präsens und Präteritum

▸ Alles verändert sich: S. 129,134

▸ Arbeitsheft: S. 59
▸ Fö/Fo: S. 50 / Nr. 97
▸ AH inklusiv: S. 53

Zeitformen unterscheiden: Perfekt – Präteritum

1 Lest euch die beiden Texte vor.

Heute Morgen bin ich mit dem Rad zur Schule gefahren.
Da ist mir plötzlich eine Katze über den Weg gelaufen.
Ich habe gebremst und sie hat mich erstaunt angeguckt.
Sie ist quer über die Straße gerannt.

Gestern fuhr ich mit dem Rad zur Schule.
Plötzlich lief mir eine Katze über den Weg.
Ich bremste und sie guckte mich erstaunt an.
Sie rannte quer über die Straße.

2 Worin besteht der Unterschied zwischen den beiden Texten? Sprecht darüber.

Strategie: Die richtige Zeitform finden

Es gibt zwei Zeitformen für die **Vergangenheit**:
Das **Perfekt** gebrauchen wir, wenn wir etwas **mündlich erzählen**:

Heute Morgen **bin** ich mit dem Rad zur Schule **gefahren**.

Das **Präteritum** verwenden wir, wenn wir etwas Erlebtes **aufschreiben**:

Gestern **fuhr** ich mit dem Rad zur Schule.

3 Welcher Schlusssatz gehört in welchen Text? Erklärt euch gegenseitig, warum.

Und dann ist sie in den Graben gesprungen.
Dann sprang sie in den Graben.

4 Schreibe die beiden Texte von Aufgabe 1 ab. Unterstreiche die Verben.

5 Stelle die Verben aus den Texten in einer Tabelle gegenüber.

Perfekt:	Präteritum:
ich bin gefahren	ich fuhr

▶ Sprachliche Strukturen und Begriffe kennen: Perfekt und Präteritum
▶ Alles verändert sich: S. 130,135
▶ Arbeitsheft: S. 60
▶ Fö/Fo: S. 51 / Nr. 98
▶ AH inklusiv: S. 53

Die Verben in den Zeitformen üben

1 Ergänzt die fehlenden Verbformen. Sie reimen sich immer.

Grundform	Präsens	Präteritum	Perfekt
kriechen	er kriecht	er kroch	er ist gekrochen
riechen	es riecht	es	es hat
beißen	sie beißt	sie biss	sie hat gebissen
schmeißen	er schmeißt	er	er hat
kennen	er kennt	er kannte	er hat gekannt
rennen	sie rennt	sie	sie ist
fliegen	sie fliegt	sie flog	sie ist geflogen
biegen	er biegt	er	er hat
essen	sie isst	sie aß	sie hat gegessen
vergessen	er vergisst	er	er hat
reiten	sie reitet	sie ritt	sie ist geritten
streiten	sie streitet	sie	sie hat

2 Schreibe einige dieser Reihen ab.

Merksatz

Die Grundform von Verben wird mit **-en** oder **-n** gebildet:
kriech**en**, flieg**en**, lächel**n**.
In Sätzen kommen die Verben aber in **Zeitformen** vor:
Die Schnecke **kriecht** unter das Blatt.
Der Vogel ist in den Baum **geflogen**.

3 Bilde mit den folgenden Verben weitere Reihen:

frieren – verlieren

schlagen – tragen

lügen – ziehen

▸ Vergangenheitsformen bilden

▸ Wortschatz in Übungskisten 1 aller Themen-Kapitel

▸ Arbeitsheft: S. 61
▸ Forderkartei: Nr. 99,100
▸ AH inklusiv: S. 53

Satzschlusszeichen setzen

1 Einen Satz kannst du ganz verschieden sprechen.
Sprecht die drei Sätze so, dass man hört,
ob ihr etwas einfach sagt, ob ihr fragt oder ruft.

Du kannst einfach zu jemandem sagen:	Das darfst du nicht.
Du kannst auch etwas rufen:	Das darfst du nicht!
Du kannst ihn fragen, ob es stimmt:	Das darfst du nicht?

Merksatz

Am Ende eines Satzes steht ein **Satzschlusszeichen**:
Ein Fragezeichen steht, wenn der Satz als Frage gemeint ist.
Ein Ausrufezeichen steht, wenn er als Aufforderung
oder Ausruf gemeint ist.
In allen anderen Sätzen steht am Ende ein Punkt.

2 Sprecht auch den folgenden Satz auf drei Weisen
zu einem anderen Kind.

Du spielst heute nicht mit

3 Niklas möchte einem anderen Kind etwas erzählen.
Lest die Sätze so vor,
wie er sie gesagt haben könnte.

Warst du schon einmal im Dinopark
Ich war gestern mit meinen Eltern dort
Oh Mann, war das toll
Willst du wissen, was es da alles gab
Ich erzähle es dir
Also, pass auf

4 Schreibe den Text ab.
Setze dabei die Satzschlusszeichen ein.

- Satzstrukturen erkennen
- Funktion von Satzzeichen kennen und diese setzen

▸ Richtig schreiben: S. 64

▸ Arbeitsheft: S. 62
▸ Forderkartei: Nr. 101, 102

Die Zeichen der wörtlichen Rede setzen

1 Lest das Gespräch mit verteilten Rollen so, dass man hört, ob einer etwas fragt, ob er laut ruft oder ob er es einfach so sagt.

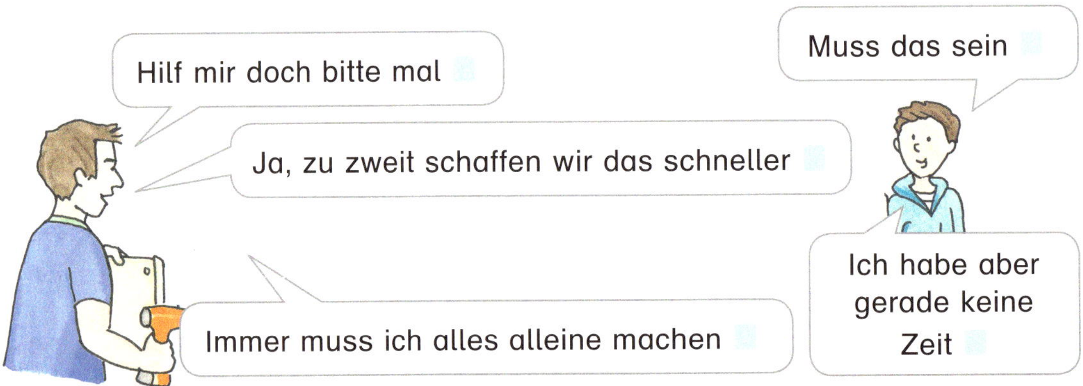

Merksatz

Was jemand in einem Text **spricht**,
nennt man **wörtliche Rede**.
Vor der wörtlichen Rede steht ein **Begleitsatz**
mit **Doppelpunkt**: Der Vater sagt: …
Dann folgt die wörtliche Rede. Sie steht in **Redezeichen**.
Punkt, **Fragezeichen** und **Ausrufezeichen** gehören zur
wörtlichen Rede dazu: „Hilf mir doch bitte mal!"

2 Schreibe die wörtlichen Reden mit Begleitsatz und Redezeichen auf. Setze an das Satzende einen Punkt, ein Fragezeichen oder ein Ausrufezeichen:

Der Vater ruft: „Hilf mir doch bitte mal!" *Niklas fragt:* …

……………………………………………………………………………………

3 Schreibe die folgenden Sätze mit allen Satzzeichen auf:

Der Vater sagt: „Ich glaube, an der Tür hat einer geläutet."

Der Vater sagt	Ich glaube, an der Tür hat einer geläutet
Niklas ruft	Frau Meier steht vor der Tür
Die Mutter sagt	Lass sie herein
Frau Meier fragt	Ist mein Kater bei Ihnen
Die Mutter antwortet	Er sitzt dort am Fenster

▸ Wörtliche Rede mit vorangestelltem Begleitsatz kennen und anwenden

▸ Arbeitsheft: S. 63
▸ Fö/Fo: S. 52 / Nr. 109,110
▸ AH inklusiv: S. 56,57

Umstellproben durchführen

1 Stellt euch mit den Wörtern vor der Klasse so auf, dass ein Satz entsteht.

2 Jetzt stellt sich ein anderes Kind an den Anfang. Dann müssen sich auch andere Kinder umstellen. Welche Kinder bleiben auch immer zusammen?

3 Können noch andere Wörter am Satzanfang stehen? Probiert es aus.

Strategie

Teile eines Satzes, die man an den Satzanfang stellen kann, heißen **Satzglieder**.
Satzglieder können aus einem **einzelnen Wort** oder aus **mehreren Wörtern** bestehen.
Durch **Umstellproben** findet ihr heraus, aus wie vielen Satzgliedern ein Satz besteht.

4 Aus wie vielen Satzgliedern besteht dieser Satz?
Der Zauberer machte gestern im Zirkus viele Kunststücke.

- Sprachliche Operationen durchführen: umstellen
- Fachbegriffe anwenden

- ▶ Texte verfassen: S. 27
- ▶ Alles verändert sich S. 132,135
- ▶ Arbeitsheft: S. 64
- ▶ Forderkartei: Nr. 103,105,106

Satzglieder umstellen – Texte verbessern

1 Lest euch den Text durch. Was fällt euch auf?

Der Zauberer zaubert aus seinem Hut einen Hasen.

Er versteckt den Hasen unter einer Zeitung.

Er holt dann ein langes Seil aus seinem Koffer.

Er zerschneidet das Seil mit einer großen Schere .

Er wirft nun die beiden Teile mit einem Schwung in die Luft.

2 In dem Text fangen alle Sätze mit **Er** an.
Verschiebt beim Vorlesen die markierten Satzglieder an den Satzanfang. So hört sich die Geschichte besser an.

Strategie: Umstellen

Wenn deine Sätze in einem Text **immer gleich** anfangen, kannst du mit der Umstellprobe **ein anderes Satzglied** an den **Satzanfang** stellen. Dann wird dein Text besser.

3 Schreibe die Sätze verändert auf.

4 Schreibe die folgenden Sätze neu auf.
Stelle dabei in jedem Satz ein anderes Satzglied an den Anfang um.

Er hat plötzlich einen Zauberstab in der Hand.
Er ruft mit lauter Stimme: „Hokuspokus!“
Er holt jetzt unter der Zeitung eine Taube hervor.
Er schüttelt am Schluss den Hasen aus dem Ärmel.

5 Lest euch die veränderten Sätze gegenseitig vor.

- Sprachliche Operationen nutzen: umstellen
- Fachbegriffe kennen

▸ Texte verfassen: S. 27,31
▸ Alles verändert sich: S. 135
▸ Arbeitsheft: S. 65
▸ Forderkartei: Nr. 104,105,106

Sätze bilden aus Subjekt und Prädikat

1 Schreibe die Personen mit ihren Tätigkeiten auf.
Unterstreiche die Personen: Die Lehrerin unterrichtet. …

Wer etwas tut:
Die Lehrerin Die Köchin
Der Kellner Die Tänzerin

Was getan wird:
bedient unterrichtet
kocht tanzt

2 Schreibe nun zu den Tätigkeiten die passenden Personen auf.
Unterstreiche die Tätigkeiten: Der Gärtner pflanzt. …

Was getan wird:
pflanzt schreibt
backt fegt

Wer etwas tut:
Der Schornsteinfeger Der Gärtner
Die Sekretärin Der Bäcker

Merksatz

Subjekt und **Prädikat** sind die wichtigsten Satzglieder.
Das Subjekt sagt aus, **wer** oder **was** etwas tut:
Die Köchin kocht. Sie freut sich.
Das Prädikat sagt, was **getan** wird oder was **geschieht**.
Es besteht immer aus einem Verb.
Die Köchin kocht. Sie freut sich.

3 Schreibe die folgenden Sätze ab.
Unterstreiche die Subjekte blau, die Prädikate rot:
Die Schüler sitzen an ihren Tischen.

Die Schüler sitzen an ihren Tischen.
Sie lernen.
Manche lesen.
Einige Kinder sprechen miteinander.
Ein Kind kippelt auf seinem Stuhl.

▸ Sprachliche Operationen durchführen
▸ Fachbegriffe kennen
▸ Alles verändert sich: S. 131,135
▸ Arbeitsheft: S. 66
▸ Forderkartei: Nr. 107,108

Subjekt und Prädikat im Satz erkennen

1 Die folgenden Sätze bestehen nur aus Subjekten und Prädikaten. Schreibe die Sätze ab.

Kranksein ist langweilig!

Lauras Augen tränen.
Sie hustet.
Das arme Mädchen langweilt sich.
Laura wartet.

Jemand klingelt.
Ihr Freund Jakob kommt.
Laura lächelt.
Die beiden unterhalten sich.

2 Unterstreiche die Subjekte blau und die Prädikate rot.
Lauras Augen tränen.

3 Sucht gemeinsam die Subjekte und die Prädikate in den Sätzen. Das ist gar nicht so einfach. Die meisten Sätze haben nicht nur ein Subjekt und ein Prädikat, sondern noch andere Satzglieder.

Sie spielen.
Jakob geht wieder.
Jetzt bleibt Laura allein.
Sie liegt in ihrem Bett.
Die Mutter tröstet sie.

4 Schreibe die Sätze ab.
Unterstreiche die Subjekte und Prädikate.

5 Ergänze die Sätze von Aufgabe 3, damit einen kleine Geschichte daraus wird.
Sie spielen miteinander ein lustiges Kartenspiel.
Nach einer Stunde ...

- Sprachliche Operationen anwenden
- Satzglieder erkennen

- Alles verändert sich: S. 131,135
- Arbeitsheft: S. 67
- Forderkartei: Nr. 107,108

Was kann ich nun? 1

Entscheide, welche Aufgaben du lösen möchtest.
Überlege hinterher: War die Aufgabe zu leicht, zu schwer oder genau richtig für dich?

Nomen

▸ Seite 70

◇ **1** Schreibe die beiden Nomen aus diesem Satz auf:

AUF DEM HOF SIND VIELE PFERDE ZU SEHEN.

◇◇ **2** Schreibe den Satz auf. Schreibe die Nomen groß.

DIE KINDER BESUCHEN DEN REITERHOF
MIT DEN PFERDEN.

◇◇◇ **3** Schreibe einen Satz in dem das Wort RENNEN als Verb und als Nomen vorkommt.

Nomen für Gefühle und für Zeiten

▸ Seite 71, 72

◇ **1** Ordne die Wörter: Nomen für Gefühle: …, Nomen für Zeit: …

Glück	Mittag	Freude	Ferien
Nacht	Angst	Wut	Herbst

◇◇ **2** Schreibe den Satz ab. Schreibe das Nomen groß.

ICH BIN NICHT SEHR MUTIG,
DOCH ANGST HABE ICH NICHT.

◇◇◇ **3** Schreibe einen Satz mit einem Zeit- und einem Gefühlsnomen.

Was kann ich nun? 2

Adjektive

▸ Seite 76, 77, 78

◇ **1** Suche aus den Wörtern die Adjektive heraus und schreibe sie auf.

lachen witzig grün lernen blass laufen

◇◇ **2** Schreibe den Satz auf und unterstreiche die Adjektive.

Die kleine Paula trägt eine runde Brille auf ihrer roten Nase.

◇◇◇ **3** Schreibe einen Vergleichssatz.

Ich bin ______ als mein Bruder,
aber genau so ______ wie mein ______ .

Verben

▸ Seite 79, 80, 81

◇ **1** Suche die Verben heraus und schreibe sie auf.

lesen bunt schwimmen

leer singen nass

◇◇ **2** Schreibe diesen Satz im Präteritum auf.

Die Katze ist in den Graben gesprungen.

◇◇◇ **3** Schreibe einen eigenen Satz im Präteritum auf.

▸ Lernprozesse reflektieren
▸ Lernergebnisse festhalten

▸ Arbeitsheft: S. 71
▸ Fö/Fo: S. 57 / Nr. 119,120
▸ AH inklusiv: S. 58-61

Was kann ich nun? 3

Satzglieder

▸ Seite 85, 86, 87, 88

◇ **1** Verschiebe beim Abschreiben
ein anderes Satzglied an den Satzanfang.

Ich esse am liebsten Pizza.

◇◇ **2** Unterstreiche beim Abschreiben
das Subjekt blau, das Prädikat rot.

Vor der Tür steht ein Gespenst.

◇◇◇ **3** Schreibe einen Satz mit vier Satzgliedern auf.
Mache nach jedem Satzglied einen Strich.
Markiere das Subjekt blau, das Prädikat rot.

Satzschlusszeichen, Redezeichen

▸ Seite 83, 84

◇ **1** Schreibe die Sätze mit Punkt,
Fragezeichen, Ausrufezeichen auf.

Kommst du mit

Ja, ich komme mit

Dann komm doch endlich

◇◇ **2** Schreibe die Sätze mit Redezeichen auf:

Sie fragte

Hilfst du mir

Er antwortete

Ja, ich helfe dir

◇◇◇ **3** Schreibe einen eigenen Redesatz
mit Begleitsatz auf.

Ich – du – wir

Wir sind verschieden, jeder ist besonders

1 Das sind Kinder aus der Klasse 3a.
Beschreibt zu zweit einzelne Kinder und Situationen ganz genau.

Wir beschreiben uns

1 Lilly ist neu in der Klasse. Die Kinder schreiben kleine Texte über sich selbst. So lernt Lilly die Kinder kennen und alle erfahren noch etwas Neues übereinander. Lest den Text von Leon.

> Ich bin Leon.
> Ich habe schwarze, lockige Haare und braune Augen.
> Am liebsten trage ich mein rotes T-Shirt.
> Heute fühle ich mich sehr traurig, denn gestern ist mein Hase gestorben. Ich kann toll Fußball spielen und schnell rechnen.
> Aber bei einem Spiel zu verlieren, mag ich gar nicht.

2 Schreibe einen Text über dich selbst. Schreibe auch über deine besonderen Eigenschaften oder Vorlieben. Die Adjektive können dir helfen.

blond schwarz braun rot lockig glatt
lang kurz klein groß gestreift gepunktet
fröhlich traurig mitfühlend aufmerksam neugierig
getupft kurzärmelig cool befreundet

So können deine Sätze beginnen:
Ich habe … Haare und … Augen
Am liebsten trage ich …
Heute fühle ich mich …, weil …
Ich mag/kann/liebe/habe …
Aber …

3 Eure Texte könnt ihr in der Klasse aufhängen.

4 Schreibe einen ähnlichen Text über ein Kind aus der Klasse, das du gut kennst.

Mitbestimmung im Klassenrat

Was uns gefällt 

Ich finde es cool, dass Leo jetzt neben mir sitzt. Fritz

Im Kino war es toll. Lena

Ich freue mich auf die Projektwoche.
Vincent

Was uns nicht gefällt 

Mir gefällt nicht, dass wir immer so spät in die Pause gehen. Dann ist der Fußballplatz oft schon besetzt. Betül

An unserem Gruppentisch ist es oft so laut. Das stört mich bei der Arbeit.
Viele Grüße von Nina

Was wir uns wünschen

Ich wünsche mir, dass Paul wieder neben mir sitzt. Lias

Wir haben eine Idee: ein Picknick mit der ganzen Klasse!
Hanna, Nina und Linus

1 Lest die Zettel, die an der Pinnwand hängen.

2 Für den Klassenrat nehmen die Klassensprecher die Zettel von der Pinnwand. Was wird die Klasse wohl besprechen?

3 Wie kann eure Pinnwand aussehen?
Sind euch noch andere Überschriften wichtig?
Legt für eure Klasse auch eine solche Pinnwand an.

4 Schreibt eigene Zettel für die Klassenpinnwand und den Klassenrat.

5 Verteilt im Klassenrat folgende Aufgaben:
Gesprächsleitung, Zeitkontrolle, Protokollführung.

- Anliegen und Konflikte gemeinsam diskutieren und klären

- Sprechen und Zuhören: S. 16,17,22
- Arbeitsheft: S. 12,13
- AH inklusiv: S. 34

Mitbestimmung in der Kinderkonferenz

In der Merianschule treffen sich je zwei Kinder aus allen Klassen regelmäßig mit der Schulleiterin Frau Schulz in der Kinderkonferenz.
Was sie dort besprechen, steht in einem Protokoll.
Dieses Protokoll bekommen alle Klassen.

1 Lest das Protokoll vom 5. Mai genau durch. Sprecht darüber.

Protokoll der Kinderkonferenz vom 5. Mai 2015
Anwesend: 1a: Aleena, Lucas, 1b: Marvin, Pia,1c: Samuel, Nele, 2a: Jonah, Lotte, 2b: Eva, Jasper, 2c: –, 3a: Carla, Jakob, 3b: Tanju, Diem Linh, 3c: Marco, Luna, 4a: Moritz, Anna, 4b: Emely, Pablo, 4c: Leon, Leonie, Fr. Schulz, Fr. Menzl

Themen	*von*	*Vorschlag der Kinderkonferenz*	*Wie geht es weiter?*
Das Verhalten von einigen Kindern im Treppenhaus ist gefährlich.	3b 4c	Man soll rechts gehen. Man soll Schilder mit Pfeilen aufhängen. Man soll entspannt sein: nicht Erster sein wollen!	Frau Schulz hängt Schilder mit Pfeilen *Bitte rechts gehen!* auf der rechten Seite im Treppenhaus auf.
Wen soll man in der Pause ansprechen, wenn man Hilfe braucht?	3c	1. Lehrerinnen, die Aufsicht führen 2. Schulbegleiter für einzelne Kinder nur im Notfall ansprechen	Das gilt ab sofort, wird in den Klassen und in der Lehrerkonferenz besprochen.
Jan aus der 1c wird geärgert und Kinder toben wild mit ihm im Rolli.	4c und andere	Jans Pate Moritz erklärt: Jans Freunde helfen ihm und spielen mit ihm. Jan mag es wild. Er möchte aber gefragt werden.	Jan wird in die nächste Kinderkonferenz eingeladen.
Wünsche für AGs	3c 2a	Die Töpfer-AG soll auch für Drittklässler sein. Experimente und Handarbeiten	Die Wünsche werden in der Programmgruppe besprochen.

2 Worüber würdest du in einer Kinderkonferenz sprechen? Schreibe deine Ideen auf. Ihr könnt auch zu zweit arbeiten.

3 Stellt eure Ideen in der Klasse vor. Wenn ihr eine Kinderkonferenz in der Schule habt, stellt eure Themen auch dort vor.

▸ Verschiedene Arten von Texten und ihre Funktion kennen: Protokoll
▸ Sprechen und Zuhören: S. 16,17,22
▸ Arbeitsheft: S. 12,13
▸ AH inklusiv: S. 34

Wir haben Rechte – Kinderrechte

Im Jahr 1989 einigten sich fast alle Staaten der Erde darauf, die Rechte von Kindern aufzuschreiben und zu beachten. Diese Vereinbarung heißt **Kinderrechtskonvention der Vereinten Nationen**. Hier sind einige dieser Rechte:

Jedes Kind mit Behinderung hat das Recht auf besondere Unterstützung.

Jedes Kind hat das Recht, seine Meinung zu sagen und mitzubestimmen.

Niemand darf einem Kind wehtun.

1 Was bedeuten diese Kinderrechte? Sprecht darüber. Die Bilder können euch helfen.

2 Erzählt euch in Kleingruppen Erlebnisse mit diesen Kinderrechten. Wurden sie beachtet?

- Funktionsangemessen sprechen
- Zu anderen sprechen
- Sprechen und Zuhören: S. 16,17,22
- AH inklusiv: S. 32,33

Ideenkiste

Diese Spiele und Übungen könnt ihr mit der ganzen Klasse spielen. Ihr lernt euch selbst und die anderen dabei besser kennen.

<u>Reihen oder Gruppen ohne Worte bilden</u>

Stellt euch in einer Reihe oder in Gruppen nach bestimmten Vorgaben eurer Lehrerin auf. Dabei dürft ihr nicht sprechen! Eine Reihe könnt ihr zum Beispiel bilden nach euren Hausnummern oder eurem Geburtsdatum, ...
Gruppen könnt ihr zum Beispiel bilden nach euren Hobbys, euren Haustieren, der Anzahl eurer Geschwister, ...
Wenn ihr fertig seid, dürft ihr miteinander darüber sprechen.

<u>Partner finden mit der Schneeballschlacht</u>

Teilt die Klasse in zwei gleich große Gruppen. Die Kinder der einen Gruppe beschriften jeweils ein weißes Blatt mit ihrem Namen und zerknüllen das Blatt dann zu einer „Schneeballkugel“. Diese Kugeln werft ihr dann in der Klasse wie bei einer Schneeballschlacht hin und her. Natürlich zielt ihr dabei nicht auf eure Köpfe. Beim Stoppzeichen der Lehrerin nehmen alle Kinder, die kein Blatt beschriftet haben, einen Schneeball und finden darin den Namen ihres Partners.

Übungskiste 1

blond	fühlen	fröhlich	Haar	helfen
jetzt	Junge	Meinung		mögen
schwarz	tragen	traurig		uns
mitfühlend	Klassenrat	lockig		wählen

1 Sortiere die Wörter nach der Anzahl der Silben. Schreibe so:
1 Silbe: blond, …
2 Silben: fühlen, …
3 Silben: mitfühlend, …

2 Schreibe die Wörter geordnet auf. Schreibe so:
Nomen: Haar, … Adjektive: blond, …
Verben: fühlen, … Sonstige: jetzt, …

3 Bilde mit Wörtern aus dem Wortkasten Sätze.

4 Schreibe den Text ab.

Abschreibtext

Unsere Klasse
In unsere Klasse gehen 22 Kinder.
Am ersten Schultag waren wir uns noch fremd,
aber jetzt kennen wir unsere Besonderheiten ganz genau.
Lena und Fritz haben wir zu unseren
Klassensprechern gewählt.
Sie sagen gern ihre Meinung und sie vertreten
die Meinung unserer Klasse in der Kinderkonferenz.

5 Unterstreiche die Wörter, die du schwierig findest.
Übe die Wörter. Suche dir dafür eine Übung von Seite 65 aus.

6 Schreibe einige Sätze über deine Klasse.

- Orthografisch richtig abschreiben
- Wörter üben

- Richtig schreiben: S. 65,66
- Arbeitsheft: S. 51
- Fö/Fo: S. 41 / Nr. 85-88
- AH inklusiv: S. 6,7

Übungskiste 2

Klasse

Buch	Fahrt	Feier	Fest	Lehrer	Lehrerin
Rat	Raum	Sprecher		Sprecherin	Tier

1 Bilde mit dem Nomen **Klasse** und den anderen Nomen zusammengesetzte Nomen und schreibe sie mit Artikel so auf:
die Klasse, das Buch – das Klasse<u>n</u>buch, …

2 Schreibe mit einigen zusammengesetzten Nomen Sätze.

3 Lies die Verben.
Erklärt euch zu zweit, was sie mit der Schule zu tun haben.

abstimmen beachten begrüßen behaupten lösen
belohnen sich einigen erklären ermahnen
melden mitbestimmen prüfen üben

4 Bilde aus den Verben Nomen mit dem Wortbaustein **-ung**.
Schreibe so: abstimmen – die Abstimmung, …

5 Schreibe mit den Verben oder den Nomen Sätze auf, die mit der Schule zu tun haben.

6 Suche weitere Nomen mit dem Wortbaustein **-ung**.
und schreibe sie mit den dazu gehörigen Verben auf.

7 Stellt euch eure Wortsammlungen gegenseitig vor.

Möglichkeiten der Wortbildung kennen und anwenden

▶ A wie Anfang: S. 9
▶ Richtig schreiben: S. 49
▶ Arbeitsheft: S. 36
▶ Förderheft: S. 29,44
▶ Forderkartei: Nr. 77,78

Wetter und Wasser

a

b

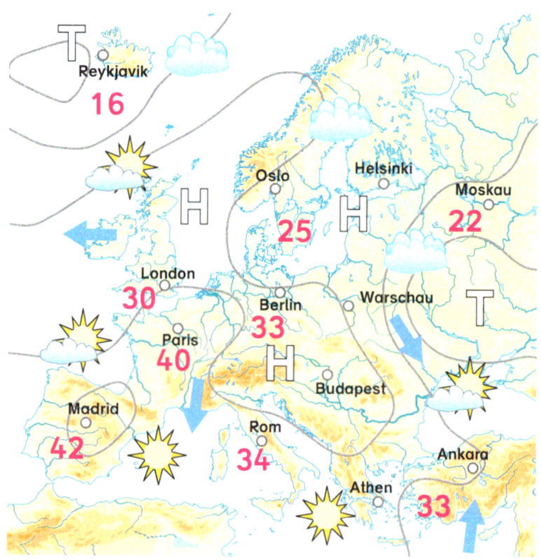

1 Was ist auf den Bildern der beiden Seiten zu sehen? Sprecht darüber.

2 Was haben diese Bilder wohl mit dem Wetter zu tun?

- Funktionsangemessen sprechen: genau beschreiben, vermuten
- Lernen: S. 12
- Sprechen und Zuhören: S. 16-19
- Arbeitsheft: S. 9-12
- Fö/Fo: S. 10,11 / Nr. 21,22
- AH inklusiv: S. 20-24

Wetterbeobachtung

1 Lest den Text.

c

d

e

f

Für die Wetterbeobachtungen und Messungen gibt es überall auf der ganzen Erde Wetterstationen. Die höchste Wetterstation in Deutschland liegt 2960 Meter hoch. Sie befindet sich auf unserem höchsten Berggipfel, der Zugspitze. Menschen, deren Beruf es ist, das Wetter zu beobachten, nennt man **Meteorologen**. Sie beobachten und messen mit ganz unterschiedlichen technischen Geräten alles, was zu unserem Wetter gehört. Diese Geräte heißen **Messinstrumente**. Einige messen die Temperatur, einige die Windstärke, andere messen die Feuchtigkeit in der Luft. Aber nicht nur auf dem Festland gibt es Wetterstationen. Es gibt sie auch auf dem Meer, in Schiffen und in der Luft in Flugzeugen oder an **Wetterballons**. Sogar vom Weltall aus gibt es Wetterbeobachtungen. Dafür werden extra **Wettersatelliten** gebaut. **Wettersatelliten** im All machen Fotos vom Wetter auf der Erde. Diese Fotos nutzt man, um die **Wetterkarten** zu zeichnen, die wir in den Wettervorhersagen sehen können.

2 Welche Textteile gehören zu welchen Bildern? Sprecht gemeinsam darüber.

3 Versucht, mithilfe der Bilder herauszufinden, was einige der Fachbegriffe im Text bedeuten.

- Texten Informationen entnehmen
- Fachbegriffe verwenden

▸ Lernen: S. 12
▸ Texte verfassen: S. 44
▸ Arbeitsheft: S. 9-12
▸ Forderkartei: Nr. 23,24

Wetter mal so, mal so

1 Suche in Wetterberichten der Zeitung, in Sachbüchern, im Lexikon oder im Internet Wetterwörter und Wettersymbole.

2 Male einige Wettersymbole und erkläre ihre Bedeutung.

3 Schaut euch die Vorhersagen an. Erklärt euch gegenseitig, wie das Wetter wird.

Wie wird das Wetter?
Tilman und Alina wollen
mit ihren Eltern grillen.
Sie schlagen die Zeitung auf
und schauen sich die Wettervorhersage
für die nächsten drei Tage an.

4 Für welchen Tag wird sich die Familie entscheiden? Schreibe deine Begründung auf.

....

5 Was ist dein Lieblingswetter? Schreibe es auf. Male auch die Wettersymbole dazu.

6 Schreibe einen ähnlichen 5-Sätze-Text über ein Wettererlebnis. Suche dir dafür eine Wetterlage aus:

sonnig	regnerisch	stürmisch
neblig	gewittrig	verschneit

Die Regendusche
Gestern hat es den ganzen Tag nur geregnet. Trotzdem wollte ich Lina besuchen. Auf dem Weg zu ihr ist ein Auto durch eine große Pfütze gefahren. Das Wasser spritzte hoch. Ich wurde klitschnass.

So kann Regen sein

1 Lest den Sachtext.
Überlegt gemeinsam, welche Wörter
in die Lücken gehören.

Manchmal gefrieren Regentropfen
in der Luft zu kleinen Eiskugeln.
Die fallen dann als ____
auf die Erde.
Es kann vorkommen, dass sich
eine fast undurchsichtige Wolke
aus winzigen Wassertröpfchen bildet,
ohne dass es regnet.
Das nennt man ____.
Morgens kann sich die Feuchtigkeit
aus der Luft kristallisiert
auf den Pflanzen absetzen.
Das ist der ____.
Und wenn es sehr kalt ist,
kann der Tau zu ____ gefrieren.

Nebel

Tau

Hagel

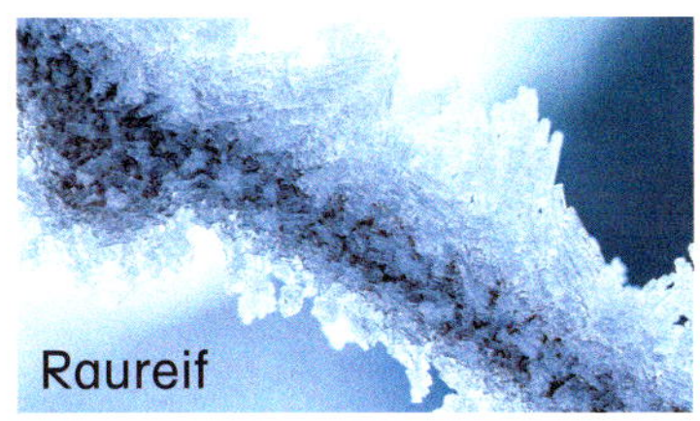
Raureif

2 Schreibe den Text ab.
Setze die passenden Wörter ein.

3 Ordne die Wetterwörter in einer Tabelle.

Niederschlag	Wind	Temperatur

Kälte	Hagel	Hitze	Sturm
Tornado	Orkan	Regen	Schnee
Wärme	Windböe	25° Celsius	Graupel

4 Suche noch weitere Wörter, die in die Tabelle passen.

Eine Fantasiegeschichte schreiben

1 Lies den Anfang der Fantasiegeschichte.

Ich bin eine Schneeflocke.
Gemeinsam mit vielen anderen Schneeflocken
ließ mich die dicke, graue Wolke einfach fallen.
„Hilfe, ich falle!", rief ich.
Doch da schwebte ich schon dem Boden entgegen
und landete …

2 Wie geht deine Geschichte weiter?
Überlege, wo du als Schneeflocke am liebsten landen möchtest.

- Ich gerate mitten in eine Schneeballschlacht.
- Ich werde Teil eines dicken Schneemanns.
- Mir begegnet ein Eisbär.
- Ich lande im Fell eines Schlittenhundes.
- Ich …

Du kannst zur Planung den roten Faden nutzen.

3 Schreibe auf, was du als Schneeflocke erlebst und wie die Geschichte endet.

4 Schreibe eine andere Fantasiegeschichte.
Dabei kannst du ein Regentropfen, ein Sonnenstrahl, oder der Wind sein.

- Planungsmethoden nutzen
- Eigene Schreibideen entwickeln

▶ Sprechen und Zuhören: S. 23
▶ Texte verfassen: S. 26-29,32
▶ Arbeitsheft: S. 32
▶ Förderheft: S. 18-21
▶ Forderkartei: Nr. 61,62

Ideenkiste

Wettervorhersage

1 Schreibe eine Wettervorhersage und spreche sie wie ein Nachrichtensprecher im Fernsehen.

Eine Wasserklanggeschichte gestalten

Der kleine Wassermann

Ein kleiner dicker Wassermann lebte
auf dem Meeresgrund in einer Höhle.
  Wenn die Sonne schien,
  setzte er sich auf einen Felsen und sang.
Viele Fische schwammen an ihm vorbei.
  Auf einmal veränderte sich das Wetter.
  Es wurde immer windiger.
Die Wellen rauschten und klatschten an die Felsen.
  Vor Schreck sprang der dicke Wassermann auf.
Da blies ihn ein heftiger Wind ins Meer.

2 Gestaltet mit mehreren Kindern eine Klanggeschichte.
Überlegt vorher:
- Zu welchem Satz passt welches Instrument?
- Wer spielt welches Instrument?
- Welche anderen Geräusche könnt ihr noch machen?
- Welches Kind liest den Text dazu vor?

3 Spielt eure Klanggeschichte anderen Kindern vor.

Übungskiste 1

trinken fließen tropfen waschen kochen nieseln
sprudeln regnen strömen baden spritzen gurgeln gießen

1 Ordne die Wasserverben so:
Wie sich das Wasser bewegt: *fließen, ...*
Was wir mit Wasser machen können: *trinken, ...*

2 Schreibe mit einigen Verben Sätze.
Der Regen tropft vom Dach. Ich ...

Gewitter Tropfen Wolke Schnee Wetter Wind
Sonne Meer Fluss Blitz Regen Quelle

3 Ordne die Wetter- und Wassernomen nach dem Artikel.
der: *der Tropfen, ...* die: *die Wolke, ...* das: *das Gewitter, ...*

4 Schreibt die Nomen auf Zettel und ordnet sie nach dem Alphabet.

5 Schreibe den Text ab.

Abschreibtext

Vom Wetter
Viele Menschen schauen sich die Wettervorhersage an.
Für diese Vorhersagen müssen an vielen Wetterstationen unterschiedliche Messungen durchgeführt werden.
Dann weiß man, ob am nächsten Tag die Sonne scheint oder ob es bewölkt ist und regnen wird.
Sogar vom Weltall aus werden Wetterfotos von der Erde gemacht. Über Satelliten werden sie an die Erde gefunkt.

6 Unterstreiche die Wörter die du schwierig findest.
Übe sie mit Aufgaben von Seite 65.

- Orthografisch richtig abschreiben
- Wörter üben

- Richtig schreiben: S. 65,66
- Sprache untersuchen: S. 70,79
- Arbeitsheft: S. 51,52
- Fö/Fo: S. 40-42 / Nr. 85-88
- AH inklusiv: S. 10-15

Übungskiste 2

1 Ordne jedem Wetternomen ein passendes Verb und Adjektiv zu.
Schreibe sie dann in einer Tabelle nebeneinander auf.

Nomen	**Verben**	**Adjektive**
Eis	sich sonnen	eisig
Regen	wärmen	wolkig
Sturm	regnen	sonnig
Wolken	bewölken	neblig
Wärme	vereisen	warm
Kälte	frösteln	trocken
Frost	vertrocknen	kalt
Trockenheit	sich erkälten	frostig

Nomen	Verb	Adjektiv
Eis	vereisen	eisig

2 Viele Wetterwörter bestehen aus zwei Nomen.
Schreibe so: das Hagelkorn, der Hagel + das Korn, …

Hagelkorn Regenschauer Wolkenbank Schneefall
Gewitterwolken Nebelwand Sonnenschein
Kälteeinbruch Ozonloch Sturmböe Wettersatellit

3 Einige Wetternomen enden mit dem Wortbaustein **-ung**.
Schreibe auf, von welchem Verb das Wort abstammt.
Schreibe so: die Bewölkung – bewölken, …

Bewölkung Überschwemmung Aufheiterung Abkühlung

4 Finde noch andere Nomen mit dem Wortbaustein **-ung**
und das passende Verb.

- Wortarten erkennen
- Möglichkeiten der Wortbildung anwenden

- Richtig schreiben: S. 49
- Sprache untersuchen: S. 70,73,79
- Arbeitsheft: S. 36,52,56
- Fö/Fo: S. 29,44 / Nr. 77,78
- AH inklusiv: S. 51

Essen und Trinken

Rund um den Apfel

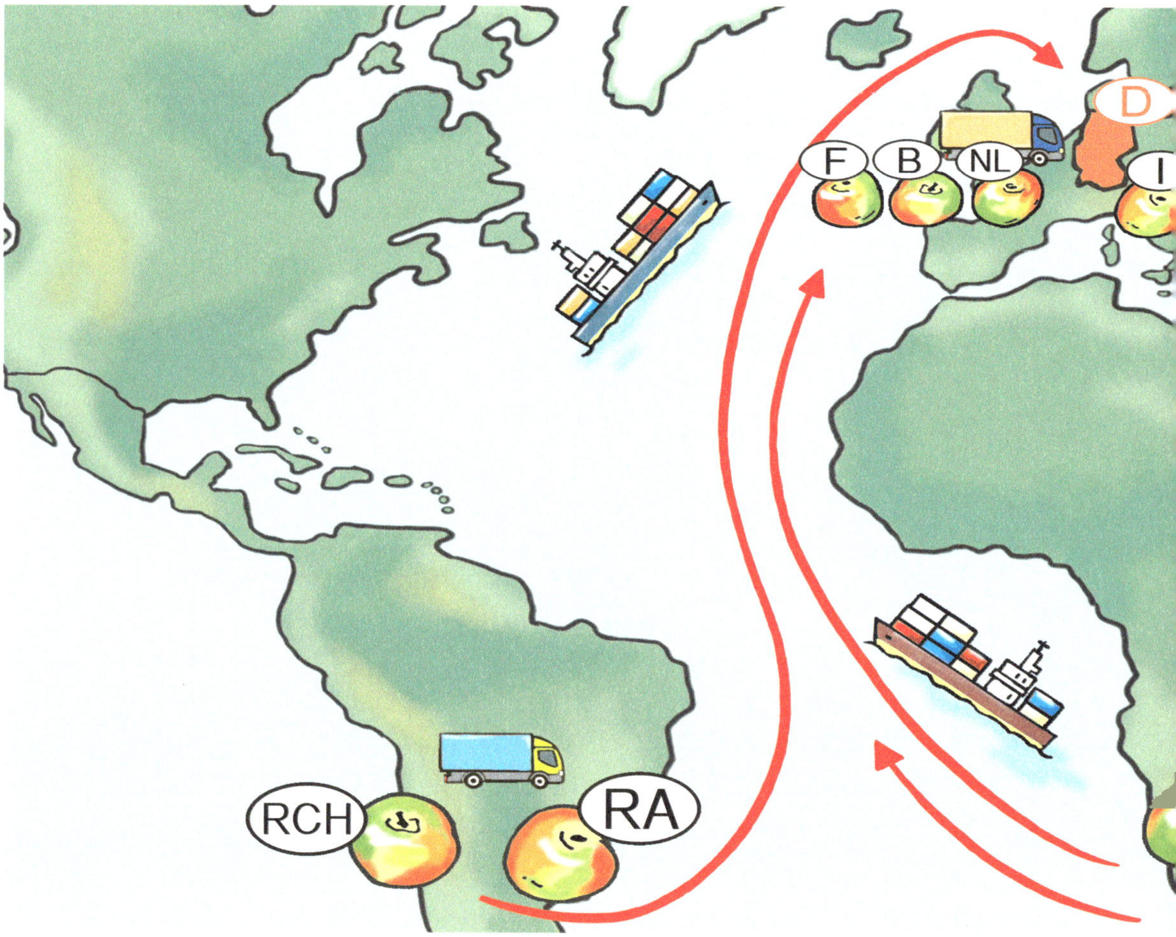

Der Apfel gehört zum Lieblingsobst der Deutschen. In keinem anderen Land Europas werden so viele Äpfel gegessen und wird so viel Apfelsaft getrunken wie bei uns. Dabei wächst in Deutschland nur etwa die Hälfte der verbrauchten Äpfel. Die andere Hälfte kommt aus anderen Ländern zu uns.

1 Seht euch die Weltkarte an und lest den Text.

2 Findet heraus, was die Abkürzungen bedeuten. (D)

3 Welche Informationen erhaltet ihr über den Apfel? Sprecht darüber.

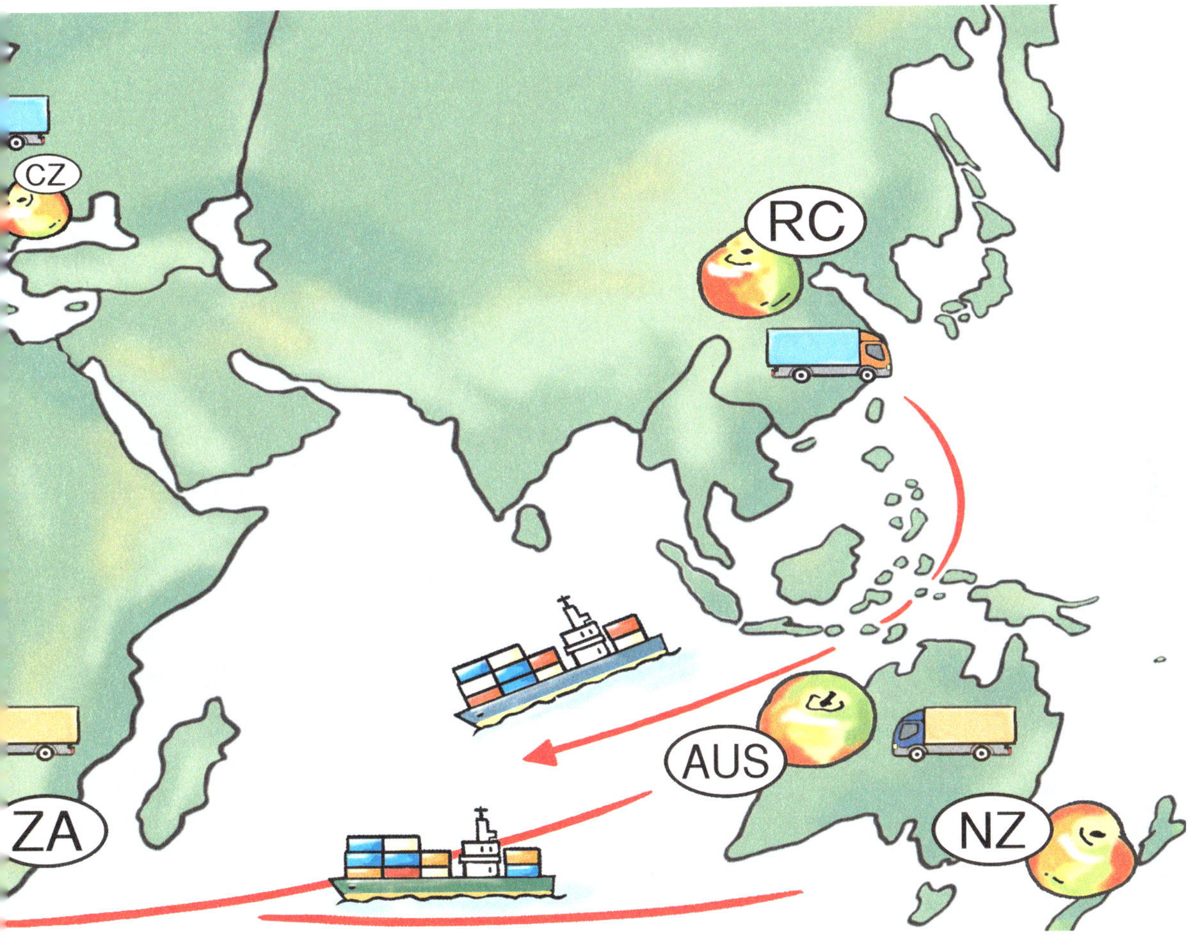

1 Findet heraus, welche Apfelsorten euer Supermarkt verkauft. Sucht dabei nach Informationen darüber, aus welchem Land die Äpfel kommen.

2 Bringt einige Äpfel mit und macht eine Ausstellung dazu.

1 Granny Smith
2 Elstar
3 ...

3 Gestaltet eine eigene Apfelweltkarte.

- Informationen einholen und weitergeben
- Lernergebnisse präsentieren

▸ Lernen: S. 12
▸ Sprechen und Zuhören: S. 16,17
▸ Arbeitsheft: S. 9-13
▸ Förderheft: S. 10,11
▸ AH inklusiv: S. 20,21

Einen Apfel beschreiben

1 Sieh dir die Bilder der Apfelsorten an und lies die dazugehörigen Steckbriefe.

Name:
Granny Smith
Schale:
glatt, glänzend, grün
Fruchtfleisch:
fest, saftig
Geschmack:
säuerlich
Herkunftsland:
Italien, Frankreich, USA

Name:
Elstar
Schale:
glatt, rot-grün
Fruchtfleisch:
weiß, fest, saftig
Geschmack:
leicht, säuerlich
Herkunftsland:
Deutschland

Name:
Golden Delicious
Schale:
glatt, glänzend, goldgelb
Fruchtfleisch:
fest, saftig
Geschmack:
süßlich
Herkunftsland:
Italien

2 Probiert unterschiedliche Äpfel.
Sprecht über Aussehen und Geschmack.

3 Lies den Text und finde den passenden Namen der Apfelsorte heraus.

Die Apfelsorte ______ hat eine grasgrüne, glänzende Schale.
Das Fruchtfleisch ist fest und sehr saftig.
Dieser Apfel schmeckt leicht säuerlich.
Er wächst in ______.

4 Schreibe den Text richtig auf.

....

5 Schreibe über eine Apfelsorte von oben einen ähnlichen Text.

6 Male einen Apfel aus eurer Ausstellung ab. Schreibe einen Steckbrief.

- Adjektive verwenden: genau beschreiben
- Textmuster übertragen

- Texte verfassen: S. 44
- Sprache untersuchen: S. 76
- Arbeitsheft: S. 35,56
- Förderheft: S. 47
- AH inklusiv: S. 54

Einen Vorgang beschreiben: Apfelsaft herstellen

1 Sieh dir die Bilder an.
Erkläre, wie die Kinder Apfelsaft herstellen.

Äpfel

pflücken

waschen

probieren

Saft fließt

kleine Stücke

zerschneiden

zu Saft pressen

in Kanister füllen

in Presse füllen

2 Schreibe nun den Vorgang genau auf.
Du kannst diese Satzanfänge benutzen:

Zuerst danach im Anschluss daran

dann endlich nun am Schluss

Zuerst pflücken die Kinder die Äpfel von den Bäumen.
Danach werden die Äpfel. …

3 Suche Informationen darüber, wie Apfelsaft in großen Fabriken hergestellt wird.

Getreidesorten

1 Lies die Texte. Setze dabei die richtigen Getreidenamen ein.
Sieh dir vorher die Zeichnung genau an.

Roggen

Hafer

Weizen

Mais

Diese Pflanze hat einen geraden Stängel.
Aus den dicken, goldgelben Körnern
wachsen keine Grannen.
Das ist der ______.

Bei dieser Pflanze sitzen die Körner
nicht in einer Ähre, sondern hängen
wie kleine Glöckchen einzeln nebeneinander.
Man nennt das auch Rispe.
Das ist der ______.

Diese Pflanze sieht gar nicht so aus
wie Getreide. Im Sommer ist sie sehr hoch
und hat viele grüne Blätter.
Im Herbst hat sie dicke Kolben
mit vielen kleinen, gelben Körnern.
Das ist der ______.

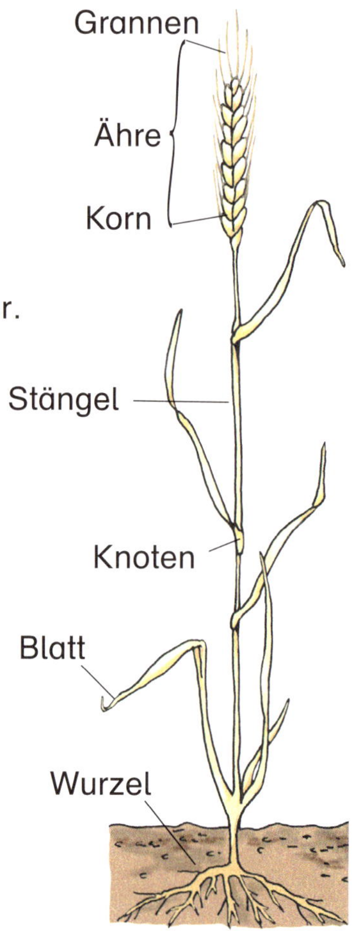

2 Schreibe die Texte in dein Heft ab.

3 Eine Getreidesorte ist nicht beschrieben worden. Schreibe dazu einen kurzen Text.

- Einen Sachtext vervollständigen
- Textmuster übertragen

▸ Richtig schreiben: S. 64
▸ Sprache untersuchen: S. 70,74
▸ Arbeitsheft: S. 50,52

Was man aus Getreide alles machen kann

1 Lies dir den Sachtext über das Getreide genau durch.

Weizen, Roggen, Hafer, Gerste und Mais
sind Getreidearten,
die auf unseren Feldern wachsen.
Ihre Früchte sind die Getreidekörner.
Die Menschen ernten sie
und verarbeiten sie zu Nahrungsmitteln.
Aus Weizen und Roggen wird
hauptsächlich Brot hergestellt.
Dafür werden die Körner zu Mehl
gemahlen.
In Müsli sind oft Haferflocken.
Cornflakes bestehen aus Maisflocken.
Hafer, Gerste und Mais
sind auch Futter für Tiere.
Alle Getreidearten sind einjährig.
Sie werden in jedem Jahr
neu gesät und geerntet.

2 Schreibe den Text in dein Heft ab.

3 In dem Text findest du viele Informationen über Getreide.
Markiere in deinem Heft:
Welche Getreidearten wachsen bei uns? Unterstreiche gelb.
Wie nennen wir die Früchte des Getreides? Unterstreiche rot.
Was stellen die Menschen aus Getreide her? Unterstreiche braun.
Was bedeutet einjährig? Unterstreiche grün.

4 Sucht nach weiteren Informationen zu den verschiedenen Getreidearten. Ihr könnt Personen befragen, in Sachbüchern nachlesen oder euch im Internet informieren.
Überlegt, wie ihr eure Informationen den anderen Kindern vorstellen wollt.

- Sich in Druck- und elektronischen Medien informieren
- Informationen weitergeben

- Lernen: S. 12,13
- Texte verfassen: S. 44
- Arbeitsheft: S. 9-11,35
- Forderkartei: Nr. 11,12,15,16,19,20

Mehl und Brot

1 Lest den Text. Findet heraus, wer spricht und was passiert ist.

Mehlkörper

Ich bin ein Mehlkörper.
Meine Schale und der Keimling wurden in der Mühle abgeschält.
Mein Mehl ist weißer als das bräunliche Vollkornmehl. Der Bäcker backt helles Brot aus mir.
Das mögen viele Menschen lieber.
Aber so gesund wie ich vorher als Vollkorn war, bin ich jetzt nicht mehr. Leider!

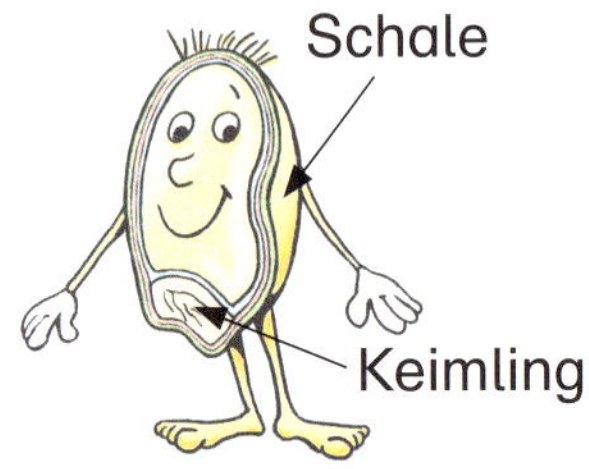

Vollkorn

2 Lasst nun das Vollkorn erzählen. Benutzt diese Satzanfänge:

Ich bin ……
Meine Schale und …… wurden in der Mühle ……
Mein Mehl ist ……
Der Bäcker backt ……
Die Menschen essen mich lieber, weil ……

3 Schreibe auf, was dein Vollkorn sagt.

……………………………………………………………………………………

4 Probiert unterschiedliche Brotsorten.
Beschreibt genau, wie sich die Brotsorten im Mund anfühlen und wie sie schmecken.

körnig · pappig · fade · krümelig · kross · trocken

würzig · bitter · herzhaft · säuerlich · fest · süßlich

- Textmuster übertragen
- Adjektive verwenden: genau beschreiben

- Richtig schreiben: S. 62
- Sprache untersuchen: S. 76
- Arbeitsheft: S. 48,56
- Fö/Fo: S. 47 / Nr. 93,94
- AH inklusiv: S. 54

Ideenkiste

Müsli zubereiten

Zutaten für ein
Apfelmüsli
5 Esslöffel Haferflocken
3 Esslöffel Dinkelflocken
1 Teelöffel Sonnenblumenkerne
2 Teelöffel getrocknete Beeren
1 Apfel
1 Becher Joghurt

- Welche Zutaten passen noch in ein Müsli? Sammelt eure Ideen.
- Schreibe dein eigenes Lieblingsrezept für ein Müsli auf.
- Probiert Müslirezepte aus.
- Ihr könnt ein Rezeptbuch herstellen.

▶ Einen Gebrauchstext schreiben: Rezept
▶ Ein Lernvorhaben planen
▶ Lernen: S. 11 (Portfolio)
▶ Texte verfassen: S. 44
▶ Arbeitsheft: S. 34
▶ Forderkartei: Nr. 59,60
▶ AH inklusiv: S. 39-41

Übungskiste 1

Frucht schmecken Saft mehlig pressen fruchtig
sauer Mehl saftig Säure Geschmack Presse
wachsen knacken Gewächs knackig

◇ **1** Ordne die Wörter nach den Wortarten.
Nomen: *die Frucht, …* Verben: *schmecken, …* Adjektive: *mehlig, …*

◇◇ **2** Immer zwei Wörter aus dem Kasten gehören zu einer Wortfamilie. Schreibe so: *die Frucht – fruchtig, …*

◇◇ **3** Setze bei allen Wörtern den Wortstamm **Saft/-saft** ein und unterstreiche ihn.

der ______ der Apfel ______ die ______flasche
______ig die ______presse der ______laden
ent______en der Dampfent______er

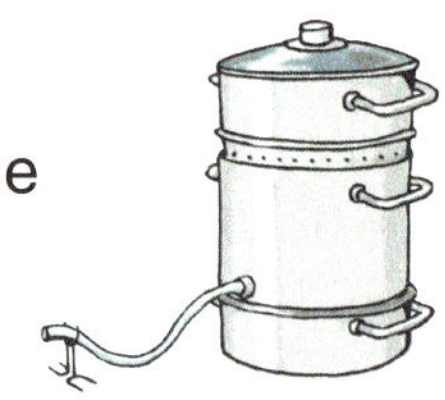

◇ **4** Schreibe den Text ab.

Abschreibtext

Apfelsaft
Die Apfelernte beginnt im Spätsommer.
Die reifen Äpfel werden in Kisten gepackt und zur Mosterei gebracht. Hier wird aus den Äpfeln Apfelsaft gemacht. Sie werden gewaschen, zerkleinert und gepresst. Der frische Saft heißt Direktsaft.
Man kann ihn sofort trinken.
Man kann den Saft aber auch haltbar machen.
Der fertige Saft wird in Flaschen oder Kanister gefüllt.
Apfelsaft ist lecker und gesund.

◇◇ **5** Unterstreiche in deinem Heft die Wörter, die du schwierig findest. Übe sie mit Aufgaben von Seite 65.

- Orthografisch richtig abschreiben
- Stammprinzip üben

- Richtig schreiben: S. 49,62,65,66

- Arbeitsheft: S. 36,48,51
- Fö/Fo: S. 29,41 / Nr. 85-88
- AH inklusiv: S. 48,49

Übungskiste 2

1 Ordne die Nomen nach der Anzahl der Silben.
Schreibe mit Trennstrichen.
1 Silbe: Mais, ..., 2 Silben: Ris-pe, ..., 3 Silben: Ge-trei-de, ...

Mais Rispe Ähre Getreide Feld Halm Körner

Saat Wurzel Grannen Stängel Mehlkörper

Keimling Vollkornmehl

2 Suche dir einige Wörter aus dem Kasten aus.
Erkläre einem anderen Kind, was sie bedeuten.

3 Setze bei allen Wörtern den Wortstamm **Back/-back** oder **Bäck/-bäck** ein und unterstreiche ihn.

der ___ofen	das ___blech	der Zwie___
der ___er	___en	die ___zutaten
er ___t	das ___pulver	über___en
die ___erei	das Ge___	die ___erin

4 Was muss man alles tun, wenn man Brot backt?
Schreibe einige Verben aus dem Kasten in der gebeugten Form.
Schreibe so: backen: ich backe – du backst – er backt – wir backen, ...

backen mischen sieben rühren kneten messen abwiegen

5 Finde heraus, was diese Sprichwörter bedeuten:

Wer zuerst kommt, mahlt zuerst.

Er kriegt nichts gebacken.

Meerestiere

1 Erzählt zu den Bildern.

2 Erzählt euch im Karussell zu den folgenden Fragen:
- Welche Meerestiere hast du schon einmal gesehen und wo hast du sie gesehen?
- Von welchen Tieren kannst du etwas berichten?

Lebensraum Meer

1 Lest den Text. Ordnet jedem Absatz das passende Bild zu.

Leben im Meer

Eigentlich müsste der Planet Erde Planet Ozean heißen. Warum? Der größte Teil der Erde ist von Meeren bedeckt.
Im Meer leben ganz unterschiedliche Tiere. Der Artenreichtum ist unvorstellbar groß. Manche Arten sind riesig, wie zum Beispiel der Wal. Andere sind klitzeklein wie das Plankton.
Haie und Kraken, Quallen und Krebse, Meeresschildkröten, Seesterne und viele andere Tierarten sind schon gut erforscht.
Trotzdem vermuten die Forscher, dass es in den Meeren Lebewesen gibt, die noch niemand je gesehen hat.
Besonders von den Tieren der Tiefsee wissen wir nur wenig.

2 Welche Wörter hast du nicht verstanden? Schreibe sie auf.

3 Wie könnt ihr herausfinden, was sie bedeuten?
Sprecht darüber, was hilft.

4 Welches ist für dich die interessanteste Information im Text?
Schreibe sie in einem Satz auf.

Meereszonen ...

1 Seht euch das Bild genau an. Was entdeckt ihr? Sprecht darüber.

2 Auf dem Bild werden drei Meereszonen unterschieden. Beschreibt die Zonen.

3 Lest den Sachtext.

Meeresforscher teilen die Ozeane bis zum Meeresgrund in verschiedene Zonen ein. In der Lichtzone leben die meisten Tiere. Dort wachsen auch viele Pflanzen. In der Dämmerzone wird das Sonnenlicht immer schwächer und das Wasser kälter. Die lichtlose Zone wird auch als Tiefsee bezeichnet. Dort herrscht völlige Dunkelheit und es gibt nur wenig Nahrung. Deshalb müssen die Tiere dort ganz besondere Eigenschaften haben, damit sie überleben können.

4 Schreibt die wichtigsten Informationen als Stichwörter auf.

5 Vergleicht eure Stichwörter.

1 Delfin 2 Fischschwarm
3 Blauwal 4 Feuerqualle
5 Seestern 6 Hammerhai
7 Pottwal 8 Lederschildkröte
9 Tintenfisch 10 Fußballfisch
11 Riesenkalmar
12 Teufelsangler 13 Beilfisch
14 Fangzahn
15 Dreistelzenfisch

- An Gesprächen beteiligen
- Zweckorientiert schreiben: Stichwörter schreiben

- Texte verfassen: S. 44
- Arbeitsheft: S. 35
- Forderkartei: Nr. 13,14

... und ihre Tiere

1 Ordne die Tiere auf dem großen Bild den verschiedenen Zonen zu. Schreibe so:
Lichtzone: Delfin, ... Dämmerzone: ...

Manche Tiere auf dem Bild haben besondere Namen. Sie sagen uns etwas über das Aussehen oder Verhalten der Tiere.

2 Setze die richtigen Namen ein. Schreibe die Sätze ab.

Der ______ sieht wie ein Stern aus.
Der ______ besitzt eine bläuliche Färbung.
Der ______ hat die Form eines Balles.
Der ______ hat besonders lange und scharfe Zähne.
Der ______ stößt bei Gefahr eine blaue Flüssigkeit aus.
Der ______ ist besonders groß.

3 Überlege dir noch zu anderen Tieren Erklärungssätze für ihren Namen.

4 Wie sehen wohl diese Meerestiere aus? Sprecht darüber. Ihr könnt auch malen, wie ihr euch die Tiere vorstellt.

Seegurke Clownfisch Fächerfisch Igelfisch

5 Wähle nun ein Meerestier aus, über das du dich informieren willst. Schreibe einen kleinen Text dazu.

- Sich informieren
- Strukturiert schreiben: Sachtext schreiben

- Lernen: S. 12,13
- Sprache untersuchen: S. 70,76
- Arbeitsheft: S. 9,10,52,56
- Forderkartei: Nr. 23,24
- AH inklusiv: S. 50

Meerestiere beschreiben

Pottwal

Blauwal

	Pottwal	Blauwal
Länge:	18 m	? m
Gewicht:	50 000 kg	? kg
Tauchtiefe:	bis 3000 m	bis ? m
Geschwindigkeit:	30 km/h	30 km/h

1 Lest den Sachtext und sprecht darüber.

Blauwale
Der Blauwal ist das größte Tier der Erde.
Er kann bis zu 33 m lang werden und bis zu 120 000 kg wiegen. Damit ist er so schwer wie 24 Elefanten.
Sein Herz ist so groß wie ein kleines Auto.
Blauwale leben alleine oder in kleinen Gruppen.
Ihr Lebensraum erstreckt sich über alle Weltmeere.
Vor dem kalten Wasser schützt sie eine dicke Fettschicht.
Blauwale können bis zu 300 m tief tauchen.
Sie ernähren sich von winzigen Krebsen, dem Krill.
Obwohl der Wal im Meer lebt, ist er kein Fisch.
Er ist ein Säugetier und atmet mit seinen Lungen.
Deswegen muss er immer wieder auftauchen und Luft holen.
Durch ein Blasloch am Kopf atmet er ein und aus.
Beim Ausatmen entsteht eine hohe Fontäne.

2 Schreibt einen Steckbrief zum Blauwal. Arbeitet zu zweit.

a. Länge:
b. Gewicht:
c. Lebensraum:
d. Geschwindigkeit:
e. Nahrung:
f. Besonderheiten:

▸ Einem Text Informationen entnehmen
▸ Textmuster anwenden
▸ Texte verfassen: S. 44
▸ Arbeitsheft: S. 35

Tiere vergleichen

4 m	2,5 m	6 m
650 kg	700 kg	2000 kg
bis 600 m	bis 1000 m	bis 1000 m
45 km/h	35 km/h	60 km/h

1 Vergleicht die Tiere auf beiden Seiten. Schreibt die Sätze auf.

Der Pottwal ist schnell.
_____ ist schneller.
_____ ist am schnellsten.

_____ ist lang.
_____ ist länger.
_____ ist am längsten.

2 Schreibe die Vergleichsstufen der Adjektive in eine Tabelle.

tief lang groß schwer klein langsam

Grundform	Steigerungsform	Höchstform
tief	tiefer	am tiefsten

3 Setze ein und schreibe auf.

länger als schwerer als tiefer als leichter als kleiner als

Der Weiße Hai ist kleiner als der Blauwal.
Die Lederschildkröte taucht _____ der Delfin.
Der Blauwal ist _____ der Pottwal.
Die Lederschildkröte ist _____ der Delfin.

4 Bilde eigene Vergleichssätze zu den Tieren.

▸ Adjektive verwenden: Vergleichsformen bilden
▸ Sprache untersuchen: S.77
▸ Arbeitsheft: S. 57
▸ Fö/Fo: S. 48 / Nr. 95
▸ AH inklusiv: S. 55

Meerestiere in Gefahr

1 Lest den Text abschnittsweise zu zweit.
Sprecht darüber, welche Gefahren es für die Tiere im Meer gibt.

Mülleimer Meer?
Viele Meerestiere sind in Gefahr. Das hat viele Gründe. Ein Problem ist der viele Müll im Meer. Manche Tiere verwechseln Plastikmüll mit Nahrung. Sie fressen ihn und sterben daran. Alte Fischernetze und Plastikleinen sind gefährliche Fallen für Tiere. Meeresschildkröten verfangen sich darin und kommen nicht mehr los.

Immer wieder wird Öl ins Meer geleitet. Öl verklebt aber die Federn der Meeresvögel. Außerdem werden zu viele Fische gefangen. So finden manche Meerestiere nicht mehr genügend Nahrung.

Aber was können wir für die Tiere im Meer tun? Es hilft schon viel, wenn wir unseren Müll nicht achtlos wegwerfen und Plastikmüll getrennt sammeln. Denn unsere Meere dürfen keine Müllkippe sein.

2 Warum sind Meerestiere in Gefahr?
Verbinde zwei Sätze mit **weil**. Setze ein Komma vor **weil**.
Schreibe so: *Manche Tiere im Meer verhungern, weil sie Müll …*

Manche Tiere im Meer verhungern.
Meerestiere sterben.
Meeresvögel haben verklebte Federn.
Es gibt nicht mehr genügend Nahrung.

Altes Öl wird ins Meer geleitet.
Sie verwechseln Müll mit Nahrung.
Die Fischfangschiffe fangen zu viele Fische.
Sie verfangen sich in alten Netzen.

3 In dem Text sind viele zusammengesetzte Nomen.
Schreibe sie auf: *Mülleimer, Meerestiere …*

4 Bilde Sätze mit den zusammengesetzten Nomen.

▸ An Wörtern, Sätzen, Texten arbeiten:
▸ Wortbildung: Komposita
▸ Sprache untersuchen: S. 83
▸ Arbeitsheft: S. 62

Ideenkiste

Plastiktüten? – Nur, wenn es nicht anders geht!

Es gibt zu viele Plastiktüten auf der Welt.
Dabei sind sie schlecht für die Umwelt
und eine Gefahr für Meerestiere.
Viele Menschen wissen das nicht
oder vergessen es immer wieder.

Hier findet ihr einige Ideen, wie ihr
andere darauf aufmerksam machen könnt.

- Sammelt eine Woche lang alle Plastiktüten,
  die ihr beim Einkaufen bekommt.
  Tragt sie in der Schule zusammen.
  Gestaltet eine Ausstellung dazu.

- Führt eine Woche lang
  ein **Plastiktütenprotokoll**.
  Sprecht in der Klasse
  über eure Erfahrungen.

Wann?	Wo?	Was?
28.4.2016	Kaufhaus	Radier-gummi

- Sammelt Ideen, wie man ohne
  Plastiktüten einkaufen kann.

- Gestaltet Plakate zum Thema
  und hängt sie im Schulhaus auf.

- Bastelidee:
  Denkt euch coole Sprüche
  zum Müllvermeiden aus.
  Bedruckt Stoffbeutel mit
  den Sprüchen.

Übungskiste 1

Meer dunkel schnell riesig tief tauchen
schützen gefährlich Fisch schwimmen forschen
Plastikmüll verletzen Netz Problem Qualle

1 Ordne die Wörter nach der Anzahl der Silben.
eine Silbe: *Meer, …*
zwei Silben: *dunkel, …*
drei Silben: *gefährlich, …*

2 Suche in dem Kasten die Adjektive. Bilde die Vergleichsstufen.
Schreibe auf: *dunkel – dunkler – am dunkelsten, …*

3 Schreibe den Text ab.

Abschreibtext

Im Meer
Unter Wasser gibt es kleine und große Lebewesen. Manche Tiere sind unglaublich schnell. Am schnellsten ist der große Fächerfisch. Säugetiere wie der Wal müssen auftauchen, um zu atmen. Am längsten kann der Pottwal unter Wasser bleiben. Er muss erst nach 90 Minuten wieder Luft holen. Viele Lebewesen der Tiefsee kennen wir kaum. Einige Fische sehen mit ihren spitzen Zähnen richtig gruselig aus.

109 km/h

4 Unterstreiche in deinem Heft die Wörter, die du schwierig findest.

5 Bilde mit den schwierigen Wörtern Sätze.

- Orthografisch richtig abschreiben
- Vergleichsformen bilden

- Richtig schreiben: S. 65,66
- Sprache untersuchen: S. 77
- Arbeitsheft: S. 51,57
- Fö/Fo: S. 41,48 / Nr. 83,84
- AH inklusiv: S. 6,55

Übungskiste 2

1 Vergleiche die Tiere. Schreibe Sätze dazu auf.

	Gewicht	Größe	Geschwindigkeit
Walross	bis 1500 kg	bis 3,75 m	bis 9 km/h
Seehund	bis 150 kg	bis 1,50 m	bis 35 km/h
Kaiserpinguin	bis 40 kg	bis 1,20 m	bis 50 km/h

schwerer als   größer als   kleiner als   schneller als
am schwersten   am größten   am kleinsten   am schnellsten

Der Seehund ist ___ der Kaiserpinguin.
Der Kaiserpinguin schwimmt ___ das Walross.
Das Walross ist ___.
Das Walross ist ___ der Seehund.

2 Bilde weitere Vergleichssätze zu den Tieren.
Die Wörter im Kasten helfen dir.

3 Schreibe einen Gedankenschwarm
zum Wort **Meer**.

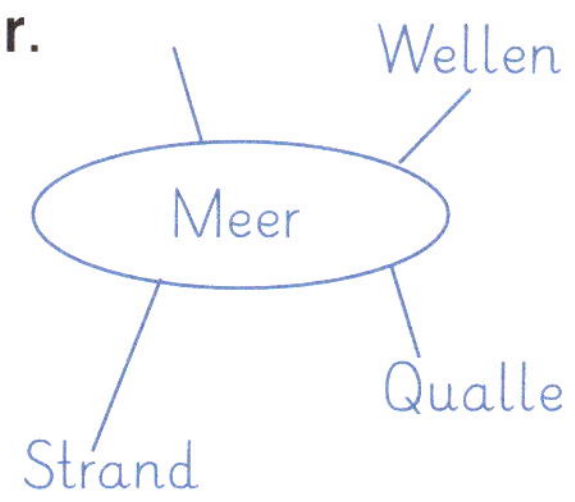

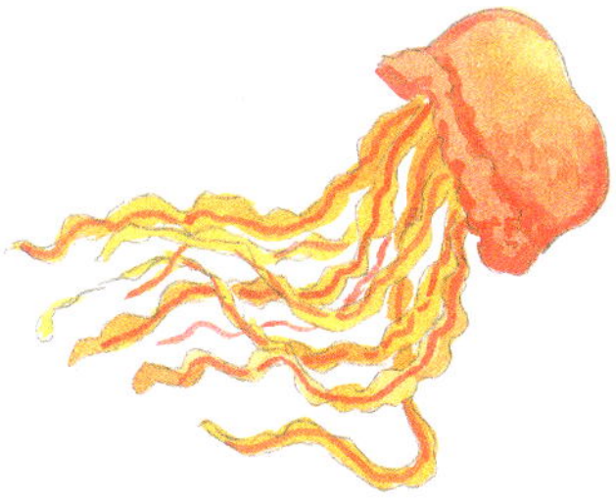

4 Wähle fünf Wörter davon aus und kreise sie ein.
Schreibe einen Text, in dem diese Wörter vorkommen.

Alles verändert sich

1 Erzählt zu den Bildern.
Was hat sich seit Toms Kindheit verändert?
Was ist heute noch so ähnlich wie damals?

2 Was erzählen deine Eltern aus ihrer Kindheit?
Befrage sie. Berichte in der Klasse, was du herausgefunden hast.

3 Würdest du lieber in der Zeit leben, als deine Eltern Kinder waren?
Begründe deine Meinung.

- Sich an Gesprächen beteiligen: begründen, argumentieren

▸ Sprechen und Zuhören: S. 16,17

▸ Arbeitsheft: S. 12,13
▸ Förderheft: S. 10,11,48
▸ AH inklusiv: S. 20-23

Telefone

1 Erzählt zu den Bildern und sprecht darüber.

1880	1892	1977	1983

Die ersten Telefone gab es vor etwa 140 Jahren.
Sie besaßen einen Griff zum Hören und einen Griff zum Hineinsprechen. Bei Telefonen mit einer Wählscheibe drehte man die Scheibe und wählte so die Telefonnummer.
Bei einem Tastentelefon drückte man die Tasten, um zu wählen.
Die ersten richtigen Handys wogen fast ein Kilogramm.
Sie kosteten beinahe so viel wie ein kleines Auto.

2 Schreibe den Text ab. Unterstreiche alle Verbformen im Präteritum: Die ersten Telefone <u>gab</u> es vor etwa 140 Jahren. …

3 Was kann man alles mit einem Smartphone machen? Erzählt.

4 Setze die passenden Präsensformen ein. Schreibe den Text ab.

wiegen   hören   ist   gibt   sind   machen

Seit einigen Jahren ____ es immer mehr Smartphones.
So ein Telefon ____ ein kleiner Computer.
Man kann damit auch Musik ____ und Fotos ____.
Einige Smartphones ____ nur noch 100 Gramm.
Leider ____ die neuesten Geräte ziemlich teuer.

5 Überlegt: Warum gab es früher Telefonzellen?

Kinderspiele

1 Was wurde gespielt, als Lisas Vater zur Schule ging?
Was spielt ihr auch heute noch?

2 Lest, was Lisas Vater erzählt:

„Am liebsten habe ich auf der Straße meine Freunde getroffen. Zusammen sind wir Roller gefahren.
Oft haben wir Fangen gespielt.
Manchmal haben wir Rennen mit unseren Kettcars gemacht.
Ich bin immer zum Abendessen wieder nach Hause gegangen.
Bei „Monopoly“ habe ich immer gewonnen.
Wenn es geregnet hat, habe ich mit Bausteinen Burgen gebaut.“

3 Schreibe den Text ab und unterstreiche alle Perfektformen:
Am liebsten habe ich auf der Straße meine Freunde getroffen. …

4 Erzähle und schreibe über Lisas Lieblingsspiele und Spielsachen.
Benutze die Zeitform Präsens:
Meistens verabredet sich Lisa mit ihren Freundinnen. Zusammen …

5 Schreibe über deine eigenen Lieblingsspiele und Spielsachen.

- Verben verwenden und erkennen: Zeitformen bilden
- Sprache untersuchen: S. 81
- Arbeitsheft: S. 60
- Fö/Fo: S. 51 / Nr. 98
- AH inklusiv: S. 53

Sport

1 Lest, wie es vor 100 Jahren beim Sport zuging.

Die Jungen spielten Fußball.
Die Männer schwammen in Badeanzügen.
Alle Fahrradfahrer fuhren ohne Helm auf ihrem Fahrrad.
Die Mädchen turnten in Blusen und Rockhosen.
Manche Frauen saßen beim Reiten seitwärts auf dem Pferd.
Skifahrer liefen auf einfachen Holzbrettern.
Die Rollschuhfahrer rollten auf lauten, eisernen Rollen.

2 Sprecht darüber, was damals anders war als heute.

3 Schreibe die Sätze ab.
Unterstreiche die Subjekte blau und die Prädikate rot:
Die Jungen spielten Fußball.

4 Wie ist es heute? Schreibe einige Sätze um.
Unterstreiche die Subjekte blau und die Prädikate rot:
Die Jungen und Mädchen spielen Fußball.

5 Wie haben sich andere Sportarten im Laufe der Zeit verändert?
Forscht nach und berichtet, was ihr herausgefunden habt.

6 Rollschuhe hießen früher auch **Fußfahrräder**.
Wie kam es wohl zu diesem Namen?

Hausarbeit

1 Lest euch den Bericht gegenseitig vor.

Oma berichtet ihrer Enkelin

1 Als ich im dritten Schuljahr war, war meine Mutter lange krank.
2 Ich musste <u>deshalb</u> zu Hause sehr viel mithelfen.
3 Ich habe <u>die ganze Zeit</u> auf meine Geschwister aufgepasst.
4 Ich musste <u>häufig</u> den Boden mit dem Besen fegen.
5 Ich habe <u>mit einem Teppichklopfer</u> die Teppiche ausgeklopft.
6 Ich habe <u>nach dem Essen</u> das Geschirr im Waschbecken gespült.
7 Ich habe <u>im Garten</u> Obst und Gemüse geerntet.
8 Ich habe es <u>mit Großmutters Hilfe</u> im Einkochtopf eingekocht.
9 Wir haben <u>zusammen</u> die Wäsche im Waschkessel gekocht.
10 Ich habe die Wäsche <u>zum Trocknen</u> auf die Wäscheleine gehängt.
11 Ich war sehr froh, als meine Mutter endlich wieder gesund war!

2 Sprecht darüber, was damals anders war als heute.

3 Der Bericht hört sich interessanter an, wenn ihr die unterstrichenen Teile an den Anfang der Sätze stellt. Probiert dies beim Vorlesen einmal aus.

4 Setze in einigen Sätzen die unterstrichenen Satzglieder an den Satzanfang. Schreibe die veränderten Sätze auf.

5 Frage bei euren Großeltern nach und erforsche: Wie hat sich die Hausarbeit seit ihrer Kindheit noch verändert? Schreibe auf, was du herausgefunden hast.

▶ Sprachliche Operationen durchführen: umstellen
▶ Texte verfassen: S. 44
▶ Sprache untersuchen: S. 85,86
▶ Arbeitsheft: S. 35,64,65
▶ Forderkartei: Nr. 103,104

Ideenkiste

Ein Blick in die Zukunft

Meine Familie

Ich habe einen Mann, den ich ganz lieb habe. Wir haben drei Kinder: Die Zwillinge Aro und Jannis und ein Mädchen. Das Mädchen ist noch ein Baby und heißt Norea.

Meine Mama und mein Papa sind dann Oma und Opa für unsere Kinder!

Meine Arbeit

Ich bin Chefköchin in einem tollen Restaurant!

Hier wohne ich

In meinem Haus kann man auf dem Klo fernsehen.

Das wünsche ich mir

Einen Aufräumroboter!

Und ich wünsche mir auch, dass Svenja und Finn noch immer meine Freunde sind.

1 Wie stellst du dir dein Leben in 25 Jahren vor? Überlege.

2 Gestalte ein Plakat.
Du kannst auch zu diesen Bereichen schreiben und malen:

Meine Stadt   Mein Fahrzeug   ?

3 Stellt euch eure Plakate gegenseitig vor.

▸ Nach Anregung schreiben

Übungskiste 1

Handy	telefonieren	Computer	Jahr	jetzt
Fernseher	Spiel	früher	Sport	erwachsen
Fahrrad	Zukunft	Fußball	Großeltern	verändern

◇ **1** Ordne die Wörter nach dem Alphabet. Schreibe sie untereinander.

◇◇ **2** Suche die Wörter in der Wörterliste oder im Wörterbuch.
Schreibe die Seitenzahl dazu: Handy – Seite 156

◇◇◇ **3** Bilde Sätze mit den Wörtern aus dem Kasten:
Mit dem Handy kann man telefonieren.

◇ **4** Schreibe den Text ab.

Abschreibtext

Schule vor 100 Jahren

Früher gingen bis zu 60 Kinder in eine Klasse.
Jungen und Mädchen saßen getrennt voneinander.
Sie blieben still und ordentlich an ihrem Pult.
Die jüngeren Kinder schrieben auf Schiefertafeln.
Einige Lehrer schlugen freche Kinder.
Wie gut, dass wir heute zur Schule gehen!
Jetzt sitzen Jungen und Mädchen nebeneinander.
Die Kinder bleiben nicht immer an ihrem Platz.
Wir schreiben mit Bleistift oder Füller in unsere Hefte.
Die Lehrerinnen und Lehrer schlagen niemanden.

◇◇ **5** Unterstreiche die Wörter, die du schwierig findest.
Übe die Wörter. Suche dir dazu eine Übung von Seite 65 aus.

◇◇ **6** Ordne die Verben aus dem Text:

Präteritum	Präsens
gingen	gehen

- Orthografisch richtig abschreiben
- Nachschlagehilfen nutzen

- Lernen: S. 10
- Sprache untersuchen: S. 80,81

- Arbeitsheft: S. 8,59,60,61
- Fö/Fo: S. 4,5,41 / Nr. 9,10
- AH inklusiv: S. 10-19

Übungskiste 2

1 Ergänze beim Abschreiben die fehlende Perfekt-Form.

lernen	Mit 14 Monaten habe ich das Laufen gelernt.
kommen	Mit zwei Jahren bin ich in den Kindergarten _____.
fahren	Mit vier Jahren bin ich zum ersten Mal Fahrrad _____.
lesen	Im ersten Schuljahr habe ich meine erste Geschichte _____.
üben	Im zweiten Schuljahr habe ich das Einmaleins _____.

2 Wie war es bei dir? Schreibe Sätze im Perfekt auf.

3 Verschiebe immer ein unterstrichenes Satzglied an den Anfang. Schreibe die veränderten Sätze auf.

Ich war gestern im Technikmuseum.
Ich fand die ganz alten Fernseher sehr interessant.
Ein kleiner Bildschirm war in eine große Holzkiste eingebaut.
Farbfernseher gibt es in Deutschland erst seit etwa 50 Jahren.
Fernsehbildschirme sind heute zum Glück viel größer als früher.

4 Wer macht was? Schreibe richtig auf.
Unterstreiche die Subjekte blau und die Prädikate rot.

Subjekte	**Prädikate**	**andere Satzglieder**
Der Schwimmer	schießt	auf ihrem Pferd.
Die Fußballspielerin	tanzt	im Hallenbad.
Der Tänzer	reitet	ein Tor.
Die Reiterin	schwimmt	zur Musik.

5 Bilde eigene Sätze.
Unterstreiche die Subjekte blau und die Prädikate rot.

▸ Verben erkennen: Vergangenheitsformen
▸ Sprache untersuchen: S. 81,85,87,88
▸ Arbeitsheft: S. 60,64,66,67
▸ Förderheft S. 50,51
▸ Forderkartei: Nr. 99,100,107

Bücher und andere Medien

In der Bücherei

1 Welche Büchereien könnt ihr nutzen?
Berichtet davon und vergleicht mit den Bildern oben.

2 Besucht eine Bücherei. Findet heraus:
- Was kann man sich alles in der Bücherei ausleihen?
- Wie viele Medien darf man gleichzeitig ausleihen?
- Welche Medien darf man wie lange behalten?
- Wie bekommt man einen Ausleihausweis? …

- Funktionsangemessen sprechen: zu Bildern erzählen

- Sprechen und Zuhören: S. 16,17
- Arbeitsheft: S. 12,13
- Förderheft: S. 10,11
- AH inklusiv: S. 20,21

Bücher sortieren

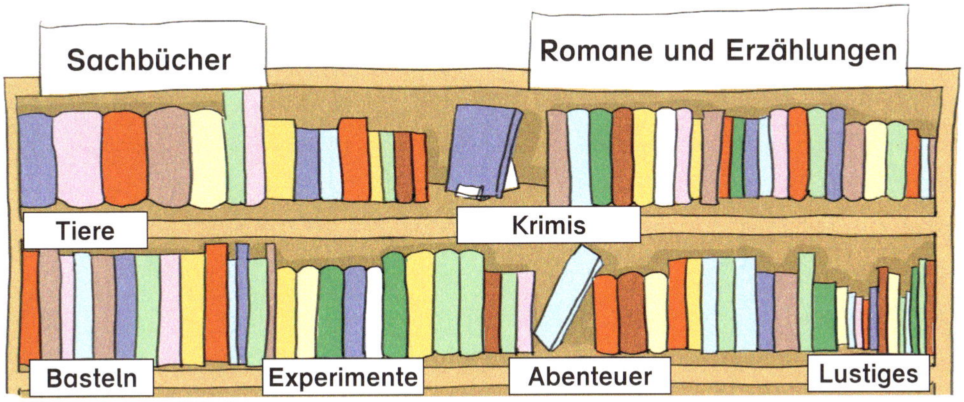

1 Die Kinder wollen sich in der Bücherei ein Buch ausleihen.
Besprecht: Wo finden die Kinder die Bücher, die sie suchen?

2 Im Regal sind die Bücher durcheinandergeraten. Sortiere so:

Tierbücher: Hunderassen, …
Experimente: …
Basteln: …
Krimis: …
Lustiges: …

Die Olchis
Die drei ??? Kids
111 Schulwitze
Emil und die Detektive
Puppenkleider nähen
Hunderassen
Das große Forscherbuch
Die Welt der Dinosaurier
Versuche mit Strom
Mit Holz und Säge

3 Sortiert die Bücher eurer Klassenbücherei.

4 Stelle anderen Kindern ein Buch vor, das du gelesen hast.
Schreibe dir vorher Stichworte auf:

Der Titel des Buches lautet: …
Der Autor/Die Autorin heißt: …
Das Buch handelt von: …
Das Buch gefällt mir, weil …
Diese Stelle möchte ich vorlesen: …

Figuren aus einem Buch beschreiben

Die Olchis fliegen zum Mond

In diesem Buch beschreibt ein Reporter die Olchis:
„Sie haben drei Hörhörner auf dem Kopf anstelle von Ohren, und ihre harten Haare stehen ihnen seitlich vom Kopf ab wie Draht. Diese merkwürdigen OLCHIS ernähren sich von Abfall [...]: Schuhsohlen, Plastikflaschen, Regenschirme, Dosen ... nichts ist vor ihren scharfen Zähnen sicher.
[...] Angenehme Gerüche sind für sie ein Graus, Parfümduft ist das Allerschlimmste. Waschen, Sauberkeit, Ordnung – in dieser Familie Fehlanzeige! Die Grünlinge verströmen einen Mundgeruch, der sogar die Fliegen tot zu Boden stürzen lässt."

1 Was erfahrt ihr über die Olchis?
Lest den Text und schaut euch die Vorderseite des Buches an.

2 Schreibe Stichwörter über die Olchis auf:
Aussehen: grün, ...
Ernährung: ...
Besondere Eigenschaften: ...

3 Am Computer erfährst du unter den Internetadressen www.olchis.de und www.erhard-dietl.de noch mehr über die Olchis. Berichte, was du herausgefunden hast.

4 In dem Buch reisen die Olchikinder auf den Mond.
Doch dort sind sie nicht allein!
Wen könnten sie dort treffen? Was könnten sie dort erleben?
Erzählt eure Geschichten.

- Sich im Internet informieren
- Nach Anregung schreiben
- Lernen: S. 13
- Sprechen und Zuhören: 23,24
- Arbeitsheft: S. 9,35
- Forderkartei: Nr. 11,12,19,20

Das Inhaltsverzeichnis

Im Buch **Die Olchis und der Geist der blauen Berge** zieht es die Olchis in die Berge.
Doch dort ist es ihnen viel zu ordentlich … und es spukt!

1 Lest das Inhaltsverzeichnis.

Im **Inhaltsverzeichnis** stehen die Überschriften und Seitenzahlen der einzelnen **Buchkapitel**.

2 Überlegt: Was könnte wohl in diesen Kapiteln passieren?
- Der Spaß beginnt
- Eine schaurige Begegnung

3 Zu welchen Kapiteln gehören wohl die Textausschnitte? Begründe.

a) Gleich neben der Tür stehen vier Paar alte Schuhe exakt in einer Reihe. Kein Stäubchen liegt auf dem frisch geputzten Fußboden.

b) Tatsächlich. Auch der weiße Berggeist will sich offenbar vor dem Unwetter in Sicherheit bringen.

4 Glaubst du, das Buch könnte dir gefallen? Begründe deine Meinung.

Bücher und andere Medien

1 Lest den Text. Klärt gemeinsam die Wörter, die ihr nicht versteht.

Der Autor und Illustrator der Olchi-Bücher ist Erhard Dietl.
Er wurde 1953 geboren und hat schon mehr als 150 Kinderbücher geschrieben.
Über die Olchis hat er sich Bilderbücher und Bücher für größere Kinder ausgedacht.
Einige Olchi-Geschichten kann man auch als E-Book oder App auf dem Tablet-PC lesen.
Außerdem gibt es viele Geschichten der Olchis als Hörbücher: auf CD oder zum Herunterladen auf den Computer oder das Smartphone.

2 Überlegt gemeinsam: Worin unterscheiden sich die einzelnen Möglichkeiten, ein Buch zu lesen oder zu hören?

3 Wie liest oder hörst du am liebsten Geschichten? Begründe deine Meinung.

4 Lest die E-Mail, die die Klasse 3a an Herrn Dietl geschrieben hat.

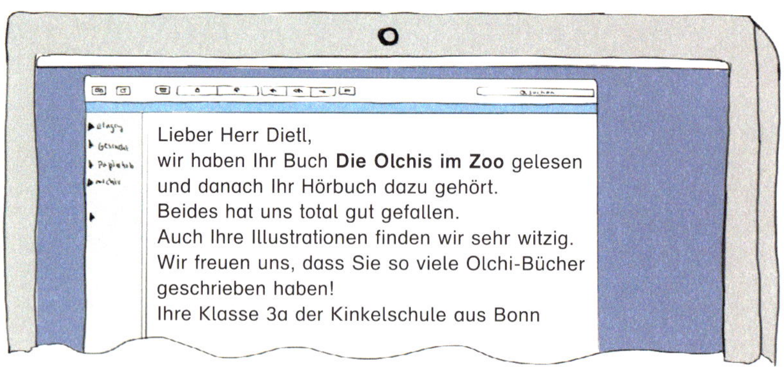

Lieber Herr Dietl,
wir haben Ihr Buch **Die Olchis im Zoo** gelesen
und danach Ihr Hörbuch dazu gehört.
Beides hat uns total gut gefallen.
Auch Ihre Illustrationen finden wir sehr witzig.
Wir freuen uns, dass Sie so viele Olchi-Bücher
geschrieben haben!
Ihre Klasse 3a der Kinkelschule aus Bonn

5 Schreibe den Text der E-Mail ab. Unterstreiche die fünf Anredepronomen.

> Diese Anredepronomen werden in Briefen und E-Mails großgeschrieben: Sie, Ihr, Ihre, Ihren, …

▸ Bedingungen schriftlicher Kommunikation berücksichtigen

▸ Texte verfassen. S. 42
▸ Sprache untersuchen: S. 75
▸ Arbeitsheft: S. 33

Ideenkiste

Eine Figur erfinden

Denke dir eine eigene Figur aus.
Überlege:

- Welche besonderen Körperteile hat sie?
- Wie heißt sie?
- Wo lebt sie?
- Was kann sie besonders gut?
- Was mag sie besonders gerne?
- ...

Zeichne deine Figur. Beschrifte deine Zeichnung.
Stellt eure beschrifteten Bilder aus.

Übungskiste 1

Bücherei	leihen	Erzählung	spannend	aussehen
Bild	gefallen	langweilig	Kind	lustig
passieren	Figur	witzig	erzählen	Zeichnung

◇ **1** Sortiere die Wörter nach Wortarten:
Nomen: Bücherei, ... Verben: ... Adjektive: ...

◇◇ **2** Bilde Sätze. Benutze dabei mehrere Wörter aus dem Kasten:
Ich habe ein witziges Bild gezeichnet.

◇◇ **3** Verlängere die Wörter, die mit **d** oder **g** enden.
Schreibe so:
Erzählung – Erzählungen, spannend – spannende, ...

◇ **4** Schreibe den Text ab.

Abschreibtext

Leonie in der Bücherei
Leonie möchte sich ein richtig spannendes Buch ausleihen.
Sie erkundigt sich, wo die Abenteuerbücher stehen.
Leonie findet ein Buch über Gespenster
und fängt gleich an zu lesen.
Das Buch ist sehr spannend. So vergisst Leonie die Zeit.
Es ist schon dämmerig geworden.
Leonie klappt das Buch zu und wundert sich:
Auf dem Bücherregal sitzt ein kleines Gespenst.
Es fragt Leonie: Wer bist du denn?

◇◇ **5** Unterstreiche die Wörter, die du schwierig findest.
Übe die Wörter. Suche dir dazu eine Übung von Seite 65 aus.

◇◇◇ **6** Schreibe ein Ende für die Geschichte auf.

- Rechtschreibstrategien anwenden: Verlängern
- Richtig abschreiben

- Richtig schreiben: S. 55,56,65
- Sprache untersuchen: 70-73
- Arbeitsheft: S. 42,43,51
- Förderheft: S. 34,35,41
- AH inklusiv: S. 50,52,54

Übungskiste 2

1 Lies den Text.

Das kleine Gespenst lebt in der Bücherei hinter einem Bücherregal.
Erst wenn es draußen dunkel wird, traut es sich hervor.
Das Gespenst ist klein, weiß und es hat zwei lange Arme.
Weil es fliegen kann, braucht es keine Beine.
Es isst gern Bücherwürmer.
Manchmal wirft es zum Spaß alle Bücher aus den Regalen.

2 Schreibe einen Steckbrief über das kleine Gespenst:

Wohnort: hinter einem Bücherregal in …
Aussehen: …
Ernährung: …
Besondere Eigenschaften: …

3 Denke dir ein eigenes Gespenst aus. Male es.
Schreibe einen Steckbrief dazu.

4 Lies den Brief an die Bibliothekarin Frau Klein.
Überlege, wo du die Anredepronomen passend einsetzen kannst.

Ihre   Sie   Ihrer   Ihnen   Sie

Liebe Frau Klein,
vielen Dank, dass ___ uns gestern erklärt haben,
was die Aufgaben einer Bibliothekarin sind.
Nun wissen wir viel genauer, was ___ bei ___
Arbeit in der Bücherei alles zu tun haben.
Wir wünschen ___ alles Gute!
___ Klasse 3c

5 Schreibe den Brief ab.

- Steckbrief
- Normgerecht schreiben: Anredepronomen

- Texte verfassen: S. 42
- Sprache untersuchen: S. 75

- Arbeitsheft: S. 33
- Förderheft: S. 24,25
- Forderkartei: Nr. 57,58

Das Jahr

Die Jahreszeit Frühling

1 Lest die Texte.
Ihr könnt sie euch auch gegenseitig vorlesen.

Verblühter Löwenzahn
Monika Minder

Es war einmal ein Löwenzahn,
Der verblühte leider irgendwann einmal.
Zuerst stand er ganz gelb und leuchtend da
Auf einmal glänzte er nur noch im Silberhaar.

Es waren Kinder, die da kamen,
Und den Löwenzahn an seinen Haaren nahmen.
Sie atmeten tief ein und bliesen ihre Backen auf
Und pusteten das Silberhaar zum Himmel hoch hinauf.
Da flog er nun der Löwenzahn
Im Silberhaar – es war einmal ...

2 Sprecht über die Texte.

3 Welche Stellen gefallen dir gut? Benutze die grüne Textlupe.

4 Schreibe sie auf Zettel.

5 Mit diesen Wörtern kannst du einen eigenen Frühlingstext schreiben.

T-Shirt Inliner Eis essen Frühlingsblumen Sonne

6 Lest euch eure Frühlingstexte vor. Übt vorher das Vorlesen.

- Sprachliche Mittel sammeln
- Schreibaufgabe am Text überprüfen

- Texte verfassen: S. 31,36,37
- Arbeitsheft: S. 24,25,28,29
- Fö/Fo: S. 18-23 / Nr. 43
- AH inklusiv: S. 30,31

Die Jahreszeit Frühling

1 Seht euch das Bild an und sprecht darüber. Es ist aus dem Buch **Victoria** von Birgit Schössow.

2 Stell dir vor, du bist das Schaf.

> Ich war so durstig!
> Ich lief zum Bach und wollte trinken.
> Als ich mich zum Trinken runterbeugte, sah ich plötzlich rote Dinger, die sich bewegten. Ich ...

Stell dir nun vor, du bist einer der Fische.

> Ich freute mich über den ersten Sonnenstrahl.
> Ich schwamm ganz dicht an der Wasseroberfläche.
> Plötzlich – ein Schatten! Ich ...

3 Suche dir einen Geschichtenanfang aus und schreibe ihn ab.
- Wie geht die Geschichte weiter?
- Schreibe deine Geschichte dazu.

4 Lest euch eure Geschichten gegenseitig vor.

5 Stell dir nun vor, du bist die Libelle.
Überlege dir eine Geschichte und schreibe sie auf.

▸ Texte planen und schreiben: Nach Anregung schreiben
▸ Texte verfassen: S. 29
▸ Arbeitsheft: S. 22,23
▸ Forderkartei: Nr. 37-42

Die Jahreszeit Sommer

Die Klasse 3b möchte einen Vortrag über die Sonne halten.
Die Kinder haben Ideen gesammelt, wozu sie recherchieren wollen.

1 Lest die Zettel.

Die Sonne

Die Sonne im Sonnensystem

Warum geht die Sonne auf und unter?

Die Sonne ist gefährlich

Was wäre, wenn die Sonne nicht mehr scheinen würde?

Wir brauchen die Sonne

Sonnenfinsternis

2 Sprecht über die Ideen der Klasse 3a.

3 Schreibt eure Ideen auf Zettel.

Yara, Till und Enno haben schon einen kleinen Text vorbereitet:

Die Sonne ist ein Stern, der einzige in unserem Sonnensystem.
Entfernung von der Erde: 147–152 Mio km
Größe/Durchmesser: 1 390 000 km
Temperatur: 3526 °C
Alles dreht sich um die Sonne, zumindest alle Planeten unseres Sonnensystems. Gemessen an der Erde ist die Sonne gigantisch groß. Auf der Sonne passieren merkwürdige Dinge. Riesige Explosionen finden statt. Jedenfalls ist die Sonne für die Wärme unseres ganzen Sonnensystems zuständig.

4 Sprecht über diesen Vortrag.

5 Sucht euch ein Thema aus und bereitet darüber einen Vortrag vor.

6 In Expertengruppen könnt ihr Fragen und Antworten erarbeiten.
Auf den Seiten 18, 19, 20 und 21 findest du Tipps dazu.

Die Jahreszeit Sommer

1 Lies dir den Text genau durch.

Die Erdhummel
(Bombus magnus)

Die Erdhummel ist größer als eine Biene. Sie hat sechs Beine, einen behaarten Körper, große Facettenaugen, vier durchsichtige Flügel und einen langen Rüssel. Sie ernährt sich von Pollen und Nektar. Sie mag gern Klee, Glockenblumen und Mohn. Die Pollen transportiert die Hummel in ihren Pollenhöschen an ihren Hinterbeinen. Hummeln fliegen täglich bis zu 1000 Blüten an.
Hummeln leben in einem Volk mit einer Königin. Sie bauen Nester. Dafür suchen sie sich oft verlassene Mäuselöcher, manchmal auch Baumhöhlen oder Felsspalten. Die Hummelkönigin baut im Nest Brutzellen, in die sie ihre Eier legt. Darin entwickeln sich die jungen Hummeln.

2 Sprecht gemeinsam über die Erdhummel.

Können Hummeln eigentlich stechen?

3 Schreibt einen Steckbrief über die Hummel.
Ihr könnt die Informationen aus dem Text entnehmen.

Hat die Hummel auch Feinde?

Was sind denn Facettenaugen?

Steckbrief:
Name: Erdhummel (Bombus magnus)
Aussehen:
Lebensraum:
Fortpflanzung:
Ernährung:
Lebensform:
Besonderheiten:

4 Vergleicht eure Steckbriefe.

Die Jahreszeit Herbst

1 Lest den Text.

Die Geschichte der Kartoffel

Schon vor 2000 Jahren bauten die Inkas Kartoffeln als Nahrung an. Im 16. Jahrhundert brachten spanische Schiffe die Kartoffeln nach Europa. In Spanien wussten die Menschen mit den essbaren Knollen nichts anzufangen. Sie freuten sich nur an den schönen Kartoffelblüten. Erst 200 Jahre später gelang es dem König Friedrich dem Großen, seinen Untertanen die Kartoffel schmackhaft zu machen.

Heute werden in ganz Europa viele Kartoffelsorten angebaut. Die meisten Kartoffeln werden bei uns im Herbst geerntet. Wir essen Kartoffeln gern als Kartoffelbrei, Kartoffelchips und Pommes frites.

2 Arbeitet zu zweit:

- Sprecht über die Texte.
- Sprecht über die Bilder.
- Wie hat der König seinen Untertanen die Kartoffel schmackhaft gemacht?
- Beschreibt, was auf den beiden Bildern passiert.
- Zu den anderen Abschnitten könnt ihr auch ein Bild malen und mit dem Text in die Klasse hängen oder Bilder mit Sprechblasen selbst herstellen.

▸ Fragen zu einem Text beantworten
▸ An Gesprächen beteiligen

Die Jahreszeit Herbst

1 Wie heißt die Kartoffel woanders?
Lest euch die Wörter gegenseitig vor.

batata *portugiesisch*	potato *englisch*	Kartoffel *deutsch*
Erdbirne *deutsche Mundart*	patates *türkisch*	patata *italienisch/spanisch*
kartofler *dänisch*	aardappel *holländisch*	Erdapfel *deutsche Mundart*
pommes de terre (Apfel) (Erde) *französisch*	Krummbeere *deutsche Mundart*	potatis *schwedisch*

2 Schreibe auf, wie die Kartoffel in Deutschland und in anderen Ländern heißt.

3 Schreibe Kartoffelwörter, die ähnlich sind, so auf:
a Batata, patato
b Kartoffel, ...
c Erdapfel, ...

4 Schreibe auch das Wort auf, das ganz anders aussieht.

....

5 Schreibe zusammengesetzte Nomen mit dem Artikel in dein Heft: die Bratkartoffel, der Kartoffelsalat, ...

Salz- Ofen- Pell-
Saat- Brat- Früh-

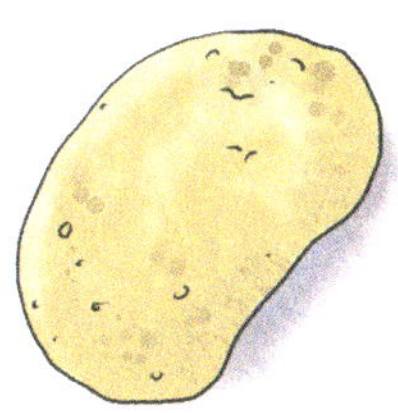

-schale -chips -brei
-suppe -salat -mehl

6 Schreibe einige Sätze mit den Kartoffelwörtern.

▸ Andere Sprachen vergleichen
▸ Dialekte

▸ A wie Anfang: S. 9

▸ Arbeitsheft: S. 7
▸ Förderheft: S. 44
▸ AH inklusiv: S. 51

Die Jahreszeit Winter

1 Lest den Text und die Tabelle und sprecht darüber.

Temperaturen messen
Im Lauf eines Jahres ändern sich bei uns die Temperaturen. Im Sommer ist es meist sehr warm. Im Winter ist es dagegen kalt. Temperaturen werden in Grad Celsius gemessen. Grad Celsius schreibt man kurz: °C:
Die Kinder der Klasse 3a aus Frankfurt haben eine Woche lang im Dezember die Temperaturen um 11 Uhr gemessen. So sieht die Tabelle aus.

Mo. 10.12.	Die. 11.12.	Mi. 12.12.	Do. 13.12.	Fr. 13.12.
5 °C	2 °C	1 °C	2 °C	–1 °C

2 Messt bei euch im Dezember für eine Woche die Temperaturen immer um 11 Uhr.

3 Schreibt die Temperaturen in eine Tabelle wie die Klasse 3a.

4 Besprecht zu zweit, wie man diese Tabelle lesen kann. Benutzt die Fachwörter Zeile und Spalte.

	01.12.	01.01.	01.02.	01.03.
Oldenburg	4,6	4,6	2,4	1,2
Frankfurt	1	0,5	–2,3	2,3
München	–1	–5,6	–6,6	–5,6
Berlin	2,7	0,5	1,8	–0,5

← Zeile

↑ Spalte

5 Beantwortet zu zweit diese Fragen.

a. Welche Temperatur herrschte in Köln am 1. Februar?
b. Welche Temperatur herrschte in Hannover am 1. Januar?
c. In welcher Stadt ist es am 1. Dezember am kältesten?
d. In welcher Stadt ist es am 1. März am wärmsten?
e. Wo und wann war es am kältesten?

Die Jahreszeit Winter

1 Lest das Rezept.
Die Sätze sind durcheinandergeraten.

Bratäpfel
Zuletzt kannst du Vanillesoße über die Äpfel gießen.
Wenn die Haut rissig wird, sind die Äpfel gar.
Zuerst höhlst du die Äpfel aus.
Jetzt musst du sie bei 200 Grad 20 bis 30 Minuten backen.
Fülle sie anschließend mit Rosinen, Nüssen und Honig.
Achtung! Die Bratäpfel sind sehr heiß.

2 Schreibt die Sätze auf Zettel.
Bringt sie in die richtige Reihenfolge
und klebt sie auf.

3 Probiert das Rezept aus.

---

4 Lest den Text und schaut euch das Bild an.

Winterpunsch
Wenn es richtig kalt ist,
schmeckt auch ein Punsch.
Das ist ein heißes Mischgetränk.

Du brauchst für vier Personen:

- 1 ungespritzte Orange
- 1 Gewürznelke
- etwas Honig
- 1 Stück Stangenzimt
- $\frac{1}{2}$ l roten Früchtetee
- $\frac{1}{2}$ l Kirschsaft

5 Schreibe auf, wie du den Punsch zubereiten kannst. Die Bilder helfen dir.
Schreibe so: *Zuerst schäle ich …*

6 Sucht noch mehr Winterrezepte, die ihr ausprobieren wollt, und stellt sie in der Klasse vor.

Gebrauchstexte schreiben und nach Anleitung handeln: Rezepte
▸ Lernen: S. 11 (Portfolio)
▸ Texte verfassen: S. 43
▸ Arbeitsheft: S. 34
▸ Forderkartei: Nr. 59
▸ AH inklusiv: S. 39

Mit der Wörterliste oder mit dem Wörterbuch arbeiten

1 Diese zusammengesetzten Nomen findest du nicht in der Wörterliste. Du musst die einzelnen Wortteile suchen. Schreibe sie mit Artikel und Seitenzahl auf:
Blumenstrauß: die Blume, S. 154, der Strauß, S. 162

Blumenstrauß	Wasserhahn	Kreuzspinne	Gepäckträger
Abendsonne	Bergspitze	Schildkröte	Tierlexikon

2 Wie werden diese Wörter getrennt? Überlegt zu zweit. Schreibt eure Lösung auf und vergleicht sie mit der Wörterliste:
Dienstag – Diens-tag, …

Berichtigt, wenn ihr ein Wort falsch getrennt habt.

Dienstag	Lehrer	lustig	witzig	Freundin	zuletzt
bisschen	Schuhe	Zeitung	hüpfen	Füchse	Bäcker

3 Arbeitet zu zweit mit der Wörterliste oder mit dem Wörterbuch.

- Ein Kind liest ein Wort vor.
  Das andere Kind soll es so schnell wie möglich finden.
- Sucht das längste Wort mit **M** am Anfang.
- Welches Wort steht vor Hand?
- Sucht die kürzesten Wörter mit **A/a**.
- Schreibt eure Lieblingswörter auf.
- Wieviele Nomen stehen bei **Qu/qu**?

- Schreibhilfen nutzen
- Nachschlagekompetenz erwerben

▸ Richtig schreiben: S. 54,60,62
▸ Alles verändert sich: S. 134
▸ Arbeitsheft: S. 8
▸ Fö/Fo: S. 4,5 / Nr. 9,10
▸ AH inklusiv: 18,19

Wörterliste

A a

der **Aal**
die Aa|le
ab
der **Abend**
die Aben|de
abends
das **Aben|teu|er**
die Aben|teu|er
aber
ab|mes|sen
misst ab, maß ab,
hat ab|ge|mes|sen
acht
ähn|lich
der **Alarm,** die Alar|me
al|le
al|lein
als
al|so
alt
äl|ter, am äl|tes|ten
an|de|re
an|ders
an|fan|gen
fängt an,
fing an,
hat an|ge|fan|gen
an|fas|sen
fasst an, fass|te an,
hat an|ge|fasst
an|feu|ern
feu|ert an,
feu|er|te an,
hat an|ge|feu|ert
die **Angst**
die Ängs|te
ängst|lich
der **Ap|ril**
die **Ar|beit**
die Ar|bei|ten
der **Är|ger**
är|ger|lich
är|gern
är|gert sich,
är|ger|te sich,
hat sich ge|är|gert
arm
är|mer,
am ärms|ten
der **Arm**
die Ar|me
der **Arm|rei|fen**
die Arm|rei|fen
der **Arzt**
die Ärz|te
die **Ärz|tin**
die Ärz|tin|nen
der **Ast**
die Äs|te
auch
auf
auf ein|mal
auf|es|sen
isst auf, aß auf,
hat auf|ge|ges|sen
auf|ge|hen
geht auf, ging auf,
ist auf|ge|gan|gen
auf|klä|ren
klärt auf, klär|te auf,
hat auf|ge|klärt
das **Au|ge**
die Au|gen
der **Au|gust**
aus
aus|rol|len
rollt aus, roll|te aus,
hat aus|ge|rollt
au|ßen
au|ßer
au|ßer|dem
das **Au|to**
die Au|tos
der **Au|tor**
die Au|to|ren
die **Au|to|rin**
die Au|to|rin|nen

B b

das **Ba|by**
die Ba|bys
der **Bä|cker**
die Bä|cker
die **Bä|cke|rin**
die Bä|cke|rin|nen
der **Back|ofen,**
die Back|öfen
das **Bad**
die Bä|der
ba|den
ba|det, ba|de|te,
hat ge|ba|det
bald
die **Bank**
die Bän|ke
der **Bart**
die Bär|te
der **Bauch**
die Bäu|che
der **Bauch|na|bel**
die Bauch|na|bel
der **Bau|er**
die Bau|ern
die **Bäu|e|rin**
die Bäu|e|rin|nen
der **Baum**
die Bäu|me
bei|de
das **Bein**
die Bei|ne
bei|ßen, beißt, biss
hat ge|bis|sen
be|kom|men
be|kommt,
be|kam, hat
be|kom|men
be|mit|lei|den
be|mit|lei|det,
be|mit|lei|de|te,
hat be|mit|lei|det
be|ob|ach|ten
be|ob|ach|tet,
be|ob|ach|te|te,
hat be|ob|ach|tet
der **Berg**
die Ber|ge
der **Be|ruf**
die Be|ru|fe
be|son|ders
bes|ser
bes|ten
be|stim|men
be|stimmt
be|stimm|te,
hat be|stimmt
be|stimmt
der **Bi|ber**
die **Bi|ber**

die **Bie|ne**
die Bie|nen
bin|den
bin|det, band,
hat ge|bun|den
bis
biss|chen
bit|te
das **Blatt**
die Blät|ter
blau
blei|ben
bleibt, blieb,
ist ge|blie|ben
der **Blin|de**
die Blin|den
blit|zen
blitzt, blitz|te,
hat ge|blitzt
blöd
blond
bloß
blü|hen
blüht, blüh|te,
hat ge|blüht
die **Blu|me**
die Blu|men
das **Blut**
blu|tig
der **Bo|gen**
die Bö|gen
die **Boh|ne**
die Boh|nen
das **Boot**
die Boo|te
bö|se
die **Braue**
die Brau|en
braun
bren|nen
brennt, brann|te,
hat ge|brannt
der **Brief**
die Brie|fe
die **Bril|le**
die Bril|len
brin|gen
bringt, brach|te,
hat ge|bracht
das **Brot**
die Bro|te
der **Bru|der**
die Brü|der
brum|men
brummt, brumm|te,
hat ge|brummt
das **Buch**
die Bü|cher
bunt
die **Burg**
die Bur|gen
der **Bus**
die Bus|se
brül|len
brül|lte, hat ge|brüllt

C c

der **Com|pu|ter**
die Com|pu|ter
die **Corn|flakes**

D d

da
da|bei
das **Dach**
die Dä|cher
da|für
da|ge|gen
da|mals
die **Da|me**
die Da|men
da|mit
da|nach
dann
der **Dau|men**
die Dau|men
da|von
da|vor
da|zu
die **De|cke**
die De|cken
dein
denn
des|halb
der **De|tek|tiv**
die De|tek|ti|ve
der **De|zem|ber**
dich
dick
der **Dieb**
die Die|be
der **Diens|tag**
die Diens|ta|ge
dir
der **Don|ners|tag**
die Don|ners|ta|ge
dort
drau|ßen
drei
drin|nen
dun|kel
dünn
durch
dür|fen
darf, durf|te,
hat ge|durft
du|schen
duscht, dusch|te,
hat ge|duscht

E e

echt
die **Ecke**
die Ecken
eckig
egal
die **Ei|dech|se**
die Ei|dech|sen
ei|gent|lich
ein
ein|fach
ei|ni|ge
ein|räu|men
räumt ein,
räum|te ein,
hat ein|ge|räumt
eins
elf
der **El|len|bo|gen**
die El|len|bo|gen
das **En|de**
die En|den
end|lich
eng
der **En|gel**
die En|gel
ent|de|cken
ent|deckt
ent|deck|te,
hat ent|deckt
ent|lang
ent|täu|schen
ent|täuscht,
ent|täusch|te,
hat ent|täuscht
ent|we|der
er|schre|cken
er|schreckt,
er|schrak,
ist er|schro|cken

erst
er|wach|sen
es|sen
isst, aß,
hat ge|ges|sen
et|was
euch

F f

fah|ren
fährt, fuhr,
ist ge|fah|ren
das **Fahr|rad**
die Fahr|rä|der
fal|len
fällt, fiel,
ist ge|fal|len
falsch
fas|sen
fasst, fass|te,
hat ge|fasst
der **Feb|ru|ar**
auch: der Fe|bru|ar
das **Fens|ter**
die Fens|ter
der **Fern|se|her**
die Fern|se|her
das **Fett**
die Fet|te
fet|tig
das **Feu|er**
die Feu|er
fin|den
fin|det, fand,
hat ge|fun|den
der **Fin|ger**
die Fin|ger
der **Fisch**
die Fi|sche
flat|tern
flat|tert,
flat|ter|te,
hat ge|flat|tert
flie|gen
fliegt, flog,
ist ge|flo|gen
flie|ßen
fließt, floss,
ist ge|flos|sen
die **Flo|cke**
die Flo|cken
das **Floß**
die Flö|ße
der **Fluss**
die Flüs|se
föh|nen
föhnt, föhn|te,
hat ge|föhnt
fol|gen
folgt, folg|te,
ist ge|folgt
fort
fra|gen
fragt, frag|te,
hat ge|fragt
die **Frau**
die Frau|en
der **Frei|tag**
die Frei|ta|ge
fres|sen
frisst, fraß,
hat ge|fres|sen
die **Freu|de**
die Freu|den
freu|dig
freu|en
freut sich,
freu|te sich,
hat sich ge|freut
der **Freund**
die Freun|de
die **Freun|din**
die Freun|din|nen
der **Frosch**
die Frö|sche
der **Frost**
die Frös|te
frü|her
der **Früh|ling**
die Früh|lin|ge
das **Früh|stück**
die Früh|stü|cke
der **Fuchs**
die Füch|se
füh|len
fühlt, fühl|te,
hat ge|fühlt
fünf
der **Fuß**
die Fü|ße
der Fuß|ball,
die Fuß|bäl|le

G g

die **Ga|bel**
die Ga|beln
die **Gans**
die Gän|se
ganz
gar
der **Gar|ten**
die Gär|ten
der **Gärt|ner**
die Gärt|ner
die **Gärt|ne|rin**
die Gärt|ne|rin|nen
ge|ben
gibt, gab,
hat ge|ge|ben
der **Ge|burts|tag**
die Ge|burts|ta|ge
ge|fähr|lich
ge|heim
das **Ge|heim|nis**
die Ge|heim|nis|se
ge|hen
geht, ging,
ist ge|gan|gen
gelb
ge|nau
ge|nug
das **Ge|päck**
der **Ge|pard**
die Ge|par|den
ge|ra|de
ge|recht
gern
die **Gers|te**
das **Ge|spenst**
die Ge|spens|ter
ges|tern
ge|streift
das **Ge|trei|de**
die **Gi|raf|fe**
die Gi|raf|fen
das **Glas**
die Glä|ser
gleich
die **Glo|cke**
die Glo|cken
das **Glück**
glück|lich
der **Go|ril|la**
die Go|ril|las
gra|ben
gräbt, grub,
hat ge|gra|ben
grau
die **Gril|le**
die Gril|len

groß
grö|ßer, am größ|ten
die **Groß|el|tern**
grün
der **Gruß**
die Grü|ße
gut
bes|ser, am bes|ten

H h

das **Haar**
die Haa|re
ha|ben
hat, hat|te,
hat ge|habt
ha|cken
hackt, hack|te,
hat ge|hackt
der **Ha|fer**
der **Hahn**
die Häh|ne
hal|ten
hält, hielt,
hat ge|hal|ten
die **Hand**
die Hän|de
das **Han|dy**
die Han|dys
hän|gen
hängt, hing,
hat ge|han|gen
das **Haus**
die Häu|ser
das **Heim**
die Hei|me
heiß
hel|fen
hilft, half,
hat ge|hol|fen
hell
her
he|rauf
auch: her|auf
he|raus
auch: her|aus
der **Herbst,** die Herbs|te
der **Herd**
die Her|de
der **Herr**
die Her|ren
he|rum
auch: her|um
he|run|ter
auch: her|un|ter
her|vor
heu|te
hier
hin
hi|naus
auch: hin|aus
hi|nein
auch: hin|ein
hin|stel|len
stellt hin,
stell|te hin,
hat hin|ge|stellt
hin|ten
hin|ter
hin|ter|her
die **Hit|ze**
hoch
hö|her,
am höchs|ten
ho|len
holt, hol|te,
hat ge|holt
das **Holz**
die Höl|zer
die **Ho|se**
die Ho|sen
das **Huhn**
die Hüh|ner
die **Hum|mel**
die Hum|meln
der **Hund**
die Hun|de
hu|pen, hupt
hup|te, hat ge|hupt
hüp|fen
hüpft, hüpf|te,
ist ge|hüpft
der **Hut**
die Hü|te

I i

ihm
ihn
ihr
im
im|mer
in|nen
ir|gend|ei|ner
ir|gend|et|was
ir|gend|wie
ir|gend|wo

J j

das **Jahr**
die Jah|re
der **Ja|nu|ar**
je|de
je|den|falls
je|mand
jetzt
der **Ju|li**
jung
jün|ger,
am jüngs|ten
der **Jun|ge**
die Jun|gen
der **Ju|ni**

K k

der **Kä|fer**
die Kä|fer
kalt
käl|ter,
am käl|tes|ten
die **Ka|me|ra**
die Ka|me|ras
käm|men
kämmt,
kämm|te,
hat ge|kämmt
kämp|fen
kämpf|te,
hat ge|kämpft
ka|putt
die **Kar|te**
die Kar|ten
die **Kar|tof|fel**
die Kar|tof|feln
die **Kas|se**
die Kas|sen
der **Ka|ter**
die Ka|ter
die **Kat|ze**
die Kat|zen
kaum
kein
der **Kel|ler**
die Kel|ler
ken|nen
kennt, kan|nte
hat ge|kannt
die **Ker|ze**
die Ker|zen
das **Kind**
die Kin|der

das **Kinn**
die Kin|ne
klä|ren
klärt, klär|te,
hat ge|klärt
die **Klas|se**
die Klas|sen
klein
der **Knall**
die Knal|le
knal|len
knallt, knall|te,
hat ge|knallt
kne|ten
kne|tet, kne|te|te,
hat ge|kne|tet
das **Knie**
die Knie
kom|men
kommt, kam,
ist ge|kom|men
kön|nen
kann, konn|te,
hat ge|konnt
der **Korb**,
die Kör|be
das **Korn**
die Kör|ner
krab|beln
krab|belt
krab|bel|te,
ist ge|krab|belt
kräf|tig
das **Kreuz**
die Kreu|ze
krie|chen
kriecht, kroch,
ist ge|kro|chen
krie|gen
kriegt, krieg|te,
hat ge|kriegt
der **Kri|mi**
die Kri|mis
krit|zeln
krit|zelt, krit|zel|te,
hat ge|krit|zelt
das **Kro|ko|dil**
die Kro|ko|di|le
die **Krö|te**
die Krö|ten
die **Ku|gel**
die Ku|geln
die **Kuh**
die Kü|he
kurz
kür|zer,
am kür|zes|ten
küs|sen, küsst
küss|te,
hat ge|küsst

L l

lä|cheln
lä|chelt, lä|chel|te,
hat ge|lä|chelt
la|den
lädt, lud,
hat ge|la|den
das **Land**
die Län|der
lang
län|ger,
am längs|ten
die **Lan|ge|wei|le**
las|sen
lässt, ließ,
hat ge|las|sen
lau|fen
läuft, lief,
ist ge|lau|fen
laut
leer
der **Leh|rer**
die Leh|rer
die **Leh|re|rin**
die Leh|re|rin|nen
lei|se
le|sen
liest, las,
hat ge|le|sen
letz|te
leuch|ten
leuch|tet,
leuch|te|te,
hat ge|leuch|tet
das **Le|xi|kon**
die Le|xi|ka
das **Licht**
die Lich|ter
lieb
die **Lie|be**
lie|ben
liebt, lieb|te,
hat ge|liebt
das **Lied**
die Lie|der
lie|gen
liegt, lag,
hat ge|le|gen
li|la
links
die **Lip|pe**
die Lip|pen
lo|ben
lobt, lob|te,
hat ge|lobt
die **Lo|cke**
die Lo|cken
lo|ckig
der **Löf|fel**
die Löf|fel
los
lö|schen
löscht, lösch|te,
hat ge|löscht
die **Lust**
lus|tig

M m

das **Mäd|chen**
die Mäd|chen
der **Mäh|dre|scher**
die Mäh|dre|scher
mä|hen
mäht, mäh|te,
hat ge|mäht
der **Mai**
man|che
manch|mal
die **Man|da|ri|ne**
die Man|da|ri|nen
der **Mann**
die Män|ner
der **Man|tel**
die Män|tel
der **Ma|ri|en|kä|fer**
die Ma|ri|en|kä|fer
der **März**
die **Mat|te**
die Mat|ten
der **Maul|wurf**
die Maul|wür|fe
die **Maus**
die Mäu|se
das **Me|di|um**
die Me|di|en
das **Meer**
die Mee|re
das **Mehl**
mehr
mein
meis|ten
meis|tens

A B C D E F G H I J K L M N O P Qu R S T U V W X Y Z

mes|sen
misst, maß,
hat ge|mes|sen
das **Mes|ser**
die Mes|ser
mich
mir
mi|schen
mischt, misch|te,
hat ge|mischt
mit
das **Mit|leid**
mit|lei|dig
der **Mit|tag,** die Mit|tage
mit|tags
der **Mitt|woch**
die Mitt|wo|che
der **Mo|nat,**
die Mo|na|te
der **Mond**
die Mon|de
der **Mon|tag**
die Mon|ta|ge
mor|gen
der **Mor|gen**
die Mor|gen
mor|gens
der **Mund**
die Mün|der
das **Müs|li**
die Müs|lis
müs|sen
muss, muss|te,
hat ge|musst
mu|tig
die **Mut|ter**
die Müt|ter

N n

nach|den|ken
denkt nach,
dach|te nach,
hat nach|ge|dacht
der **Nach|mit|tag**
die Nach|mit|tage
nach|mit|tags
die **Nacht**
die Näch|te
nachts
der **Na|gel**
die Nä|gel
na|schen
nascht, nasch|te,
hat ge|nascht
nass
na|tür|lich
ne|ben
ne|ben|an
neh|men
nimmt, nahm,
hat ge|nom|men
das **Netz**
die Net|ze
neun
nicht
nichts
nie
noch
die **Not**
die Nö|te
der **No|vem|ber**
nur

O o

oben
oder
der **Ofen**
die Öfen
oh|ne
das **Ohr**
die Oh|ren
der **Ohr|ring**
die Ohr|rin|ge
der **Ok|to|ber**
or|dent|lich
der **Ort**
die Or|te

P p

paar
das **Paar**
die Paa|re
das **Pferd**
die Pfer|de
die **Pflan|ze**
die Pflan|zen
pflü|cken
pflückt, pflück|te,
hat ge|pflückt
pi|cken
pickt, pick|te,
hat ge|pickt
die **Pil|le**
die Pil|len
plant|schen
plantscht,
plantsch|te,
hat ge|plantscht
der **Platz**
die Plät|ze
plötz|lich
die **Po|li|zei**
pu|pen, pupt
pup|te, hat ge|pupt
die **Pup|pe,**
die Pup|pen
put|zen
putzt, putz|te,
hat ge|putzt

Qu qu

qua|ken
quakt, quak|te,
hat ge|quakt
der **Quark**
der **Quatsch**

R r

das **Rad**
die Rä|der
das **Ra|dio**
die Ra|di|os
der **Rah|men**
die Rah|men
der **Rat**
der **Rauch**
rau|chen
raucht, rauch|te,
hat ge|raucht
raus
rau|schen
rauscht,
rausch|te,
hat ge|rauscht
rechts
re|den
re|det, re|de|te,
hat ge|re|det
der **Re|gen**
der **Rei|fen**
die Rei|fen
rein
rei|ten
ren|nen
rennt, rann|te,
ist ge|rannt
ret|ten
ret|tet, ret|te|te,
hat ge|ret|tet
das **Re|zept**
die Re|zep|te

rich|tig
rie|chen
riecht, roch,
hat ge|ro|chen
der **Rie|se**
die Rie|sen
das **Rind**
die Rin|der
der **Ring**
die Rin|ge
der **Rog|gen**
das **Rohr**
die Roh|re
rol|len
rollt, roll|te,
hat ge|rollt
ro|sa
die **Ro|si|ne**
die Ro|si|nen
rot
ru|fen
ruft, rief,
hat ge|ru|fen
ru|hig
rüh|ren
rührt, rühr|te,
hat ge|rührt
rund

S s

das **Sach|buch**
die Sach|bü|cher
sa|gen
sagt, sag|te,
hat ge|sagt
der **Sams|tag**
die Sams|ta|ge
die **Sau**
die Säue
sau|gen
saugt, saug|te,
hat ge|saugt
scha|de
schä|len
schält, schäl|te,
hat ge|schält
schau|en
schaut, schau|te,
hat ge|schaut
schief
das **Schild**
die Schil|der
der **Schim|mel**
die Schim|mel

schla|gen
schlägt, schlug,
hat ge|schla|gen
die **Schlan|ge**
die Schlan|gen
schlecht
schlie|ßen
schließt, schloss,
hat ge|schlos|sen
schlimm
der **Schlüs|sel**
die Schlüs|sel
schme|cken
schmeckt,
schmeck|te,
hat ge|schmeckt
schmei|ßen
schmeißt,
schmiss,
hat ge|schmis|sen
der **Schmet|ter|ling**
die Schmet|ter|lin|ge
schmut|zig
die **Schne|cke**
die Schne|cken
der **Schnee**
schnei|den
schnei|det, schnitt,
hat ge|schnit|ten
schnell
schon
schön
der **Schoß**
die Schö|ße
der **Schrank**
die Schrän|ke
der **Schreck**
die Schre|cken
schreck|lich
schrei|ben
schreibt, schrieb,
hat ge|schrie|ben
der **Schuh**
die Schu|he
der **Schup|pen**
die Schup|pen
die **Schüs|sel**
die Schüs|seln
schwarz
schwär|zer
am schwär|zes|ten
schwer
die **Schwes|ter**
die Schwes|tern

schwim|men
schwimmt,
schwamm,
ist ge|schwom|men
schwin|deln
schwin|delt,
schwin|del|te,
hat ge|schwin|delt
sechs
se|hen
sieht, sah,
hat ge|se|hen
sehr
sein
ist, war,
ist ge|we|sen
der **Se|kre|tär**
die Se|kre|tä|re
die **Se|kre|tä|rin**
die Se|kre|tä|rin|nen
sel|ber
selbst
sel|ten
der **Sep|tem|ber**
der **Ses|sel,**
die Ses|sel
das **Sieb**
die Sie|be
sie|ben
so|gar
sol|che
sol|len
soll, soll|te,
hat ge|sollt
der **Som|mer**
die Som|mer
die **Son|ne**
die Son|nen
son|nig
der **Sonn|tag**
die Sonn|tage
sonst
der **Spaß**
die Spä|ße
das **Spiel**
die Spie|le
spie|len
spielt, spiel|te,
hat ge|spielt
die **Spin|ne**
die Spin|nen
spin|nen
spinnt, sponn,
hat ge|spon|nen

A B C D E F G H I J K L M N O P Qu R S T U V W X Y Z

A B C D E F G H I J K L M N O P Qu R S T U V W X Y Z

spitz
die **Spit|ze**
die Spit|zen
der **Sport**
spre|chen
spricht, sprach,
hat ge|spro|chen
sprin|gen
springt, sprang,
ist ge|sprun|gen
spru|deln
spru|delt,
spru|del|te,
hat ge|spru|delt
spü|len
spült, spül|te,
hat ge|spült
die **Stan|ge**
die Stan|gen
stark
star|ten
star|tet, star|te|te,
ist ge|star|tet
ste|chen
sticht, stach,
hat ge|sto|chen
ste|cken
steckt, steck|te,
hat ge|steckt
ste|hen
steht, stand,
hat ge|stan|den
steh|len
stiehlt, stahl,
hat ge|stoh|len
der **Stein**
die Stei|ne
stei|nig
stin|ken
stinkt, stank,
hat ge|stun|ken
sto|ßen
stößt, stieß,
hat ge|sto|ßen
die **Stra|ße**
die Stra|ßen
der **Strauß**
die Sträu|ße
strei|ten
strei|tet, stritt,
hat ge|strit|ten
strö|men
strömt, ström|te,
ist ge|strömt

die **Stun|de**
die Stun|den
der **Sturm**
die Stür|me
stüt|zen
stützt, stütz|te,
hat ge|stützt
sum|men
summt, summ|te,
hat ge|summt
die **Sup|pe**
die Sup|pen
süß

T t

der **Tag**
die Ta|ge
die **Tan|ne**
die Tan|nen
tan|zen
tanzt, tanz|te,
hat ge|tanzt
die **Tas|se**
die Tas|sen
die **Tas|te**
die Tas|ten
tau|chen
taucht, tauch|te,
ist ge|taucht
der **Tee**
die Tees
das **Tee|licht**
die Tee|lich|te
te|le|fo|nieren
te|le|fo|niert,
te|le|fo|nier|te,
hat tele|fo|niert
die **Tem|pe|ra|tur**
die Tem|pe|ra|tu|ren
tief
das **Tier**
die Tie|re
das **Tier|heim**
die Tier|hei|me
der **Tisch**
die Ti|sche
das **Tor**
die To|re
tra|ben, trabt
trab|te, ist ge|trabt
tra|gen
trägt, trug,
hat ge|tra|gen
der **Trä|ger**
die Trä|ger

die **Trau|er**
trau|ern
trau|ert, trau|er|te,
hat ge|trau|ert
trau|rig
die **Trau|rig|keit**
tren|nen
trennt, trenn|te,
hat ge|trennt
trin|ken
trinkt, trank,
hat ge|trun|ken
die **Tro|cken|heit**
trock|nen
trock|net,
trock|ne|te,
hat ge|trock|net
trop|fen
tropft, tropf|te,
hat ge|tropft
der **Trop|fen**
die Trop|fen
tun
tut, tat, hat ge|tan
die **Tür**
die Tü|ren
der **Tür|rah|men**
die Tür|rah|men

U u

über
über|all
die **Uhr**
die Uh|ren
um
um|sto|ßen
stößt um,
stieß um,
hat um|ge|sto|ßen
und
un|ge|recht
uns
un|ten
un|ter

V v

der **Va|ter**
die Vä|ter
ver|än|dern
ver|än|dert,
ver|änd|er|te,
hat ver|än|dert
ver|fol|gen
ver|folgt, ver|folg|te,
hat ver|folgt

ver|ges|sen
ver|gisst, ver|gaß,
hat ver|ges|sen
der **Ver|käu|fer**
die Ver|käu|fer
die **Ver|käu|fe|rin**
die Ver|käu|fe|rin|nen
ver|liebt
ver|rüh|ren
ver|rührt,
ver|rühr|te,
hat ver|rührt
ver|ste|cken
ver|steckt,
ver|steck|te,
hat ver|steckt
ver|zie|ren
ver|ziert,
ver|zier|te,
hat ver|ziert
viel
viel|leicht
vier
vi|o|lett
der **Vo|gel**
die Vö|gel
voll
vom
von
vor
vor|bei
vor|her
vor|le|sen
liest vor, las vor,
hat vor|ge|le|sen
der **Vor|mit|tag**
die Vor|mit|tage
vor|mit|tags
vorn
der **Vul|kan**
die Vul|ka|ne

W w

wach|sen
wächst, wuchs,
ist ge|wach|sen
die **Wahl**
die Wah|len
wahr
der **Wal**
die Wa|le
die **Wand**
die Wän|de
wann
die **Wär|me**
war|ten
war|tet, war|te|te,
hat ge|war|tet
wa|rum
auch: war|um
was
wa|schen
wäscht, wusch,
hat ge|wa|schen
das **Was|ser**
die Was|ser
der **We|cker**
die We|cker
weg
der **Weg**
die We|ge
weiß
weit
der **Wei|zen**
wel|che
wem
wen
we|nig
wenn
wer|den
wird, wur|de,
ist ge|wor|den
wer|fen
wirft, warf,
hat ge|wor|fen
das **Wet|ter**
wie
wie|der
wie|gen
wiegt, wog,
hat ge|wo|gen
die **Wie|se**
die Wie|sen
wie viel
wild
die **Wim|per**
die Wim|pern
der **Win|ter**
wir
wis|sen
weiß, wuss|te,
hat ge|wusst
wit|zig
wo
wohl
die **Wol|ke**
die Wol|ken
wol|kig
das **Wun|der**
die Wun|der
der **Wunsch**
die Wün|sche
der **Wurm**
die Wür|mer
die **Wut**

Z z

der **Zahn**
die Zäh|ne
die **Zan|ge**
die Zan|gen
der **Zaun**
die Zäu|ne
zehn
der **Zei|ge|fin|ger**
die Zei|ge|fin|ger
die **Zeit**
die Zei|ten
die **Zei|tung**
die Zei|tun|gen
der **Zet|tel**
die Zet|tel
zie|hen
zieht, zog,
hat ge|zo|gen
zie|len
zielt, ziel|te,
hat ge|zielt
ziem|lich
zu Ende
zu|erst
zu Hau|se
auch: zu|hause
die **Zu|kunft**
zu|letzt
zu|rück
zu|sam|men
zu|se|hen
sieht zu, sah zu,
hat zu|ge|se|hen
die **Zu|tat**
die Zu|ta|ten
zwar
zwei
der **Zwerg**
die Zwer|ge
zwölf

Lösungen: Was kann ich nun?

Hier kannst du vergleichen, ob du alles richtig gemacht hast.
Wenn du weiter üben möchtest, schlage die Seiten mit dem Pfeil ▸ auf.

Werkstatt: Lernen

Lösungen zu Seite 15	Weiter üben
1 blau dick groß lang ruhig	▸ Seite 10,152
2 Tablett Tafel Tanne Tasche Tatze Taube	▸ Seite 10,152
3 schlagen singen sitzen sprechen stehen stellen	▸ Seite 10,152
1 b **2** und **3** individuelle Schülerlösungen	▸ Seite 12

Werkstatt: Texte verfassen

Lösungen zu Seite 45	Weiter üben
1 Datum Anrede Grußformel Unterschrift	▸ Seite 42
2 individuelle Schülerlösungen	▸ Seite 42
3 Ihnen Sie Ihre	▸ Seite 42, 75
1 b **2** 5 Silben 7 Silben 5 Silben	▸ Seite 37
3 individuelle Schülerlösungen	▸ Seite 37
Lösungen zu Seite 46	
1 a **2** 	▸ Seite 28
3 individuelle Schülerlösungen	▸ Seite 28
1 Personen: Prinzessin Riese Zwerg König Müller	▸ Seite 38
Tiere: Drachen Schlange Fuchs Kröte Eule	
Orte: Schloss Wald Brunnen Keller	▸ Seite 40
2 und **3** individuelle Schülerlösungen	▸ Seite 39, 41
Lösungen zu Seite 47	
1 – **3** individuelle Schülerlösungen	▸ Seite 32
1 b **2** und **3** individuelle Schülerlösungen	▸ Seite 32

Werkstatt: Richtig schreiben

Lösungen zu Seite 67	Weiter üben
1 a **2** küssen Straße Fluss groß weiß	▸ Seite 53, 54
3 frisst umgestoßen	▸ Seite 53, 54
1 a **2** er gräbt sie hupt es bleibt es trabt	▸ Seite 55, 56
3 individuelle Schülerlösungen	▸ Seite 55, 56

Lösungen zu Seite 68

	Weiter üben
1 b **2** Ohr Fuchs Boot Krokodil	▸ Seite 60
3 individuelle Schülerlösungen	▸ Seite 60
1 b **2** Kuh–Kühe Zeh–Zehen Schuh–Schuhe	▸ Seite 61
3 individuelle Schülerlösungen	▸ Seite 61

Lösungen zu Seite 69

1 **Wunder** ver**wunder**t be**wunder**n **wunder**lich	▸ Seite 49
2 male gemalt Malerin Malschule	▸ Seite 49
3 individuelle Schülerlösungen	▸ Seite 49
1 b **2** Stuhllehne Mineralwasser Ziellinie Nagellack	▸ Seite 63
3 individuelle Schülerlösungen	▸ Seite 63

Werkstatt: Sprache untersuchen

Lösungen zu Seite 89

	Weiter üben
1 (dem) Hof (viele) Pferde	▸ Seite 70
2 Die Kinder besuchen den Reiterhof mit den Pferden.	▸ Seite 70
3 individuelle Schülerlösungen	▸ Seite 70, 74
1 Nomen für Gefühle: Glück Freude Angst Wut Nomen für Zeit: Mittag Ferien Nacht Herbst	▸ Seite 71, 72
2 Ich bin nicht sehr mutig, doch Angst habe ich nicht.	▸ Seite 71, 72
3 individuelle Schülerlösungen	▸ Seite 71, 72

Lösungen zu Seite 90

1 witzig grün blass	▸ Seite 76
2 Die **kleine** Paula trägt eine **runde** Brille auf ihrer roten Nase.	▸ Seite 76, 78
3 individuelle Schülerlösungen	▸ Seite 77
1 lesen schwimmen singen	▸ Seite 79
2 Die Katze sprang in den Graben.	▸ Seite 80, 81
3 individuelle Schülerlösungen	▸ Seite 80, 81

Lösungen zu Seite 91

1 und **3** individuelle Schülerlösungen	▸ Seite 85–88
2 Vor der Tür steht ein Gespenst.	▸ Seite 88
1 Kommst du mit**?** Ja, ich komme mit. Dann komm doch endlich**!**	▸ Seite 83
2 Sie fragte: **„**Hilfst du mir**?“** Er antwortete: **„**Ja, ich helfe dir.**“**	▸ Seite 84
3 individuelle Schülerlösungen	▸ Seite 84

Wichtige Fachwörter

Fachwort	Beispiele	Seite
ABC (Alphabet)	A B C D E F G H I J K L M N O P QU R S T U V W X Y Z a b c d e f g h i j k l m n o p qu r s t u v w x y z	▸ 10
Adjektiv	klein gelb klein kleiner am kleinsten Pauline hat eine **runde** Brille auf der Nase. der **große** Ball	▸ 76, 77, 78
Anredepronomen	Ihnen Ihr Sie du	▸ 75
Artikel	der die das den des ein eine einem einen einer eines	▸ 74
Ausrufezeichen	Komm schnell her**!**	▸ 83
Doppellaut (Zwielaut)	au äu ei eu	▸ ??
doppelter Mitlaut	Tanne Himmel	▸ 51
Einzahl (Singular)	das Haus die Blume eine Banane	▸ 73
Fragezeichen	Darf ich mitspielen**?**	▸ 83
gebeugte Verbform	er schreibt sie singt es frisst	
Grundform	Adjektive: klein hoch gut Verben: schreiben singen lesen	▸ 77, 82
Höchstform	klein kleiner **am kleinsten** gut besser **am besten**	▸ 77
kurzer Selbstlaut und langer Selbstlaut	schaffen Tante Schafe Rose	▸ 50, 51, 52, 54, 58
Mehrzahl (Plural)	die Häuser viele Blumen drei Bananen	▸ 73
Mitlaut (Konsonant)	b c d f g h j k l m n p qu r s t v w x y z	▸ ??
Nomen	die Oma der Tag das Heft das Glück die Ferien der kleine **Hund** der lustige **Clown**	▸ 70, 71, 72, 74
Perfekt	ich habe gelesen sie ist gegangen	▸ 81
Prädikat	Die Köchin **kocht** Suppe. Der Schüler **hört zu**.	▸ 87, 88

▸ Fachbegriffe kennen und anwenden

Begriff	Beispiel	Seite
Präsens	ich lese sie geht	80
Präteritum	ich las sie ging	80, 81
Punkt	Ich gehe nach Hause.	83
Redezeichen	Betül sagt: „Bitte gib mir den grünen Ball.“	84
Satz	Ich gehe nach Hause. Ich habe zehn Finger.	??
Satzglied	Der Zauberer / zaubert / einen Hasen / aus seinem Hut. Aus seinem Hut / zaubert / der Zauberer / einen Hasen.	85, 86
Satzzeichen	. ? ! : „ “	83, 84
Selbstlaut (Vokal)	a e i o u ä ö ü au äu ei eu ie	??
Silbe	träu men ein la den ich	??
Steigerungsform	klein **kleiner** am kleinsten gut **besser** am besten	77
Subjekt	**Die Köchin** kocht Suppe. **Der Schüler** hört zu.	87, 88
Umlaut	ä ö ü	??
Verb	schreiben wir schreiben ich schrieb ich habe geschrieben	79, 80
Wortbausteine	ab schreib en an geb en zu geb en	
Wortfamilie und Wortstamm	**wohn**en **Wohn**ung be**wohn**t	49
Wortfeld	Wortfeld sehen: sehen schauen gucken beobachten glotzen …	
wörtliche Rede	Betül sagt: „Bitte gib mir den grünen Ball.“ (Begleitsatz) (wörtliche Rede)	84
Zeitform	lachen lachte hat gelacht	82
zusammengesetzte Nomen	der Apfel – der Kuchen – der Apfelkuchen	
Zwielaut	au äu ei eu ie	

A B C D E F G H I J K L M N O P Qu R S T U V W X Y Z

Kompetenzübersicht

Themen-Kapitel	Sprechen und Zuhören	Schreiben: Texte verfassen
Ich-du-wir S. 92–99	**funktionsangemessen sprechen:** Situationen beschreiben zu anderen sprechen: eigene Gefühle und Bedürfnisse formulieren und anderer verstehen; Empathie entwickeln; appellieren: eigene Wünsche formulieren; über eigene Erlebnisse und Erfahrungen sprechen **Gespräche führen:** Anliegen und Konflikte gemeinsam diskutieren und klären **funktionsangemessen sprechen:** über Klassenregeln sprechen; zu Bildern erzählen	**Textmuster übertragen und anwenden können:** Sätze nach Satzmuster schreiben **Texte situations- und adressatengerecht verfassen:** Briefe an Mitschüler/innen und Lehrer/in schreiben **Texte schreiben:** verschiedene Arten von Texten und ihre Funktion kennen (Protokoll) **Lernergebnisse strukturieren und präsentieren:** Pinnwand
Wetter und Wasser S. 100–107	**funktionsangemessen sprechen:** genau beschreiben und erklären; Vermutungen anstellen; zu einem Bild erzählen, ein Bild beschreiben; gelernte Sachverhalte zusammenfassen, einen Sachverhalt verständlich darstellen **zu anderen sprechen:** Sprechbeiträge planen, etwas vortragen **Situationen szenisch darstellen:** Perspektiven anderer einnehmen, eine Rolle gestalten, von **eigenen Erfahrungen** berichten **Fachbegriffe** verwenden	**Textabschnitte** Bildern zuordnen Gebrauchstexte zweckorientiert und strukturiert verfassen **Textmuster** übertragen und anwenden können: 5-Sätze-Text **Texte situations- und adressatengerecht verfassen:** Wettervorhersage **eigene Schreibideen entwickeln:** Fantasiegeschichte
Essen und Trinken S. 108–117	**funktionsangemessen sprechen:** informieren, Informationen wiedergeben; beschreiben; einen Vorgang beschreiben/erklären **Informationen einholen und weitergeben:** Nutzung von Medien über das Lernen sprechen: vergleichen, präsentieren, **verstehend zuhören:** gezielt fragen, Informationen erfragen, Fragen verstehen, beantworten und stellen **zu anderen sprechen:** über eigene Vorlieben sprechen, Gespräche führen: ein Vorhaben planen Sprichwörter erklären	**Textmuster erkennen und übertragen können:** genau beschreiben/Steckbrief **Gebrauchstexte zweckorientiert schreiben:** Vorgang beschreiben; einen Gebrauchstext selber schreiben (Rezept) **Texte schreiben:** sachlich richtig beschreiben **Lernergebnisse dokumentieren:** Rezeptbuch
Meerestiere S.118–127	**sich an Gesprächen beteiligen:** erzählen, berichten eigener Erfahrungen; begründen, argumentieren, seine Meinung äußern **verstehend zuhören:** gezielt fragen, Informationen erfragen, Fragen verstehen, beantworten und stellen **über Lernen sprechen:** zu einem Thema recherchieren und Ergebnisse vorstellen Informationen einholen und weitergeben: Nutzung von Medien (Suchmaschine nutzen) **zu anderen sprechen:** informieren, präsentieren über das Lernen sprechen: über Lernergebnisse sprechen **Fachbegriffe** erklären	**zweckorientiert schreiben:** Stichwörter aufschreiben **Texte schreiben:** nach Anregung schreiben, zweckorientiert schreiben **Nach Textmustern schreiben:** Steckbrief **Texte schreiben:** verschiedene Arten von Texten und ihre Funktion kennen (Protokoll) **Lernergebnisse strukturieren und präsentieren:** Plakat **Planungsmethoden verwenden:** Cluster
Alles verändert sich S. 114–121	**funktionsangemessen sprechen:** erzählen, beschreiben **zu anderen sprechen:** Fragen zu einem Thema vorbereiten und ein Gespräch dazu führen; informieren **sich an Gesprächen beteiligen:** begründen, argumentieren, seine Meinung äußern **über Lernen sprechen:** zu einem Thema recherchieren und Ergebnisse vorstellen	**Texte schreiben:** nach Anregung schreiben **Texte zweckorientiert schreiben:** verständlich und strukturiert mündliche Informationen aufschreiben **Lernergebnisse präsentieren:** Plakat **Textmuster erkennen und übertragen können:** über sich schreiben
Bücher und andere Medien S.122–129	**funktionsangemessen sprechen:** zu Bildern erzählen, beschreiben; präsentieren, informieren; Fachbegriffe verwenden **sich an Gesprächen beteiligen:** über eigene Erfahrungen und Vorlieben sprechen **sprachliche Mittel sammeln und ordnen** **über Lernen sprechen:** zu einem Thema recherchieren und Ergebnisse vorstellen **zu anderen sprechen:** begründen **situationsangemessen sprechen:** seine Meinung begründen	**Textmuster übertragen und anwenden können:** Stichwörter, Buchvorstellung, Steckbrief **zweckorientiert schreiben:** Stichwörter zu einem Text schreiben **Texte planen:** Adressatenbezug und Verwendungszusammenhang klären (Mail und Brief) **Texte planen und schreiben:** zu einem Impuls schreiben (Fantasiefigur)
Das Jahr S. 130–139	**verstehend zuhören:** gezielt fragen, Informationen erfragen, Fragen verstehen, beantworten und stellen **über Lernen sprechen:** zu einem Thema recherchieren und Ergebnisse vorstellen **Informationen einholen und weitergeben:** Nutzung von Medien **zu anderen sprechen:** informieren, präsentieren; Sprechbeiträge planen, einen Vortrag planen; einen Ablauf in der richtigen Reihenfolge beschreiben **Gespräche führen:** ein Vorhaben planen: Gruppenpuzzle **andere Sprachen** kennenlernen und miteinander vergleichen	**Texte planen:** gestalterische Mittel sammeln **Texte schreiben:** Wirkung textsortenspezifischer Merkmale nutzen eigene Schreibideen entwickeln; einen Gebrauchstext selbst schreiben **Schreibideen entwickeln:** einen Geschichtenanfang nach Vorgaben schreiben: zu Bildern schreiben **Texte präsentieren:** Notizen ordnen und strukturieren

Schreiben: **Richtig schreiben**	Sprache untersuchen	Lesen- mit Texten und Medien umgehen
orthografisch richtig **abschreiben**, **Abschreibtechniken** nutzen rechtschreibwichtige Wörter **normgerecht schreiben** **Übungsmethoden** anwenden	**an Wörtern, Sätzen, Texten arbeiten:** Sätze vervollständigen eigene Sätze bilden **Adjektive kennen:** Adjektive im Satzkontext anwenden **Wörter ordnen:** Wörter nach Anzahl der Silben ordnen, Wörter nach Wortarten ordnen **Möglichkeiten der Wortbildung kennen und anwenden:** Komposita, Wortbaustein -ung	**Textformen kennenlernen:** ein Protokoll lesen und ihm Informationen entnehmen
orthografisch richtig abschreiben **Abschreibtechniken** nutzen **Nachschlagetechniken** üben rechtschreibwichtige Wörter **normgerecht schreiben**	**Wörter ordnen:** nach Oberbegriffen ordnen, nach Bedeutung ordnen, nach Artikel ordnen **an Wörtern, Sätzen, Texten arbeiten:** Sätze vervollständigen, Nomen alphabetisch ordnen **Verben kennen:** Verben im Satzkontext anwenden Nomen, Verben, **Adjektive kennen:** Wortarten einander zuordnen **Möglichkeiten der Wortbildung kennen und anwenden:** Wortbaustein -ung, Komposita	**Textformen kennenlernen:** Einem diskontinuierlichen Text Informationen entnehmen: Wetterkarte; **ein Gedicht** lesen und mediengestützt vortragen **Funktionstexte lesen:** einem Sachtext Informationen entnehmen, **Lesestrategien** nutzen
orthografisch richtig **abschreiben** rechtschreibwichtige Wörter **normgerecht schreiben** **Übungsmethoden** anwenden **Nachschlagetechniken** üben	**Adjektive kennen:** Adjektive zum Beschreiben nutzen **an Wörtern, Sätzen, Texten arbeiten:** Stichwörter in eine Reihenfolge bringen, aus Stichwörtern Sätze bilden; Sätze vervollständigen. **Wörter ordnen:** nach Wortarten ordnen; nach Anzahl der Silben ordnen **sprachliche Strukturen entdecken:** Wortfamilien, Wortstamm **Verben kennen:** Verbformen bilden **sprachliche Begriffe kennen und verwenden:** gebeugte Form/Verben **mit Sprache spielerisch umgehen:** Sprichwörter	**Textformen kennenlernen:** Einem diskontinuierlichen Text Informationen entnehmen: Weltkarte, Piktogramme lesen **Funktionstexte lesen:** Einem Sachtext Informationen entnehmen, **Lesestrategien** anwenden
orthografisch richtig **abschreiben** **Abschreibtechniken** nutzen **Übungsmethoden** anwenden rechtschreibwichtige Wörter **normgerecht** schreiben **Nachschlagetechniken** nutzen	**an Wörtern, Sätzen, Texten arbeiten:** Sätze vervollständigen; eigene Sätze bilden **Adjektive kennen:** Vergleichsformen bilden und im Satzkontext anwenden **sprachliche Begriffe kennen und verwenden:** Vergleichsstufen **Möglichkeiten der Wortbildung kennen und anwenden:** Komposita an Wörtern, Sätzen, Texten arbeiten	**Funktionstexte lesen:** Einem Sachtext Informationen entnehmen, **Lesestrategien** anwenden
orthografisch richtig **abschreiben** **Abschreibtechniken** nutzen **Übungsmethoden** anwenden rechtschreibwichtige Wörter **normgerecht** schreiben,	**sprachliche Begriffe kennen und verwenden:** Präteritum, Präsens, Perfekt; Subjekt und Prädikat , Satzglieder **an Wörtern, Sätzen, Texten arbeiten:** Sätze vervollständigen; Sätze bilden **Verben kennen:** Verbformen/Personalformen **sprachliche Operationen nutzen:** umstellen **Wörter ordnen:** alphabetisch ordnen; nach Zeitformen	**Textformen kennenlernen:** Einem Bericht Informationen entnehmen **Fragen** zum Text beantworten
orthografisch richtig **abschreiben**, Abschreibtechniken nutzen **Übungsmethoden** anwenden rechtschreibwichtige Wörter **normgerecht** schreiben **Großschreibung** von Anredepronomen	**sprachliche Begriffe kennen und verwenden:** Anredepronomen **Wörter ordnen:** nach Wortarten **an Wörtern, Sätzen, Texten arbeiten:** Sätze bilden	verschiedene **Medien kennenlernen** **Buchgattungen kennenlernen** und ordnen **altersgemäße Kinderbücher** lesen und über Leseeindrücke sprechen einem **Buchcover** und Inhaltsverzeichnis Informationen entnehmen einen Text lesen und wiedergeben **Fachbegriffe** anwenden einfache Texte umgestalten: eine eigene Geschichte schreiben, Fantasiefigur beschreiben
richtige Schreibung von **Monatsnamen** und **Daten** kennen und von **Temperaturen** kennenlernen	**Gemeinsamkeiten und Unterschiede von Sprachen entdecken:** andere Sprachen erkennen **Möglichkeiten der Wortbildung kennen und anwenden:** Komposita **an Wörtern, Sätzen, Texten arbeiten:** Sätze bilden	**Textgattungen kennenlernen,** Texte präsentieren: ein Gedicht lesen und selbst schreiben **Funktionstexte lesen:** einem Sachtext Informationen entnehmen, einen Mini-Comic lesen **Textformen kennenlernen:** einem diskontinuierlichen Text Informationen entnehmen: Tabelle **Gebrauchstexte lesen:** schriftliche Anleitung lesen und danach handeln: Rezepte

Pusteblume

Das Sprachbuch 3

Neubearbeitung

westermann GRUPPE

Druck A⁶ / Jahr 2021
Alle Drucke der Serie A sind im Unterricht parallel verwendbar.

Redaktion: Evelyne Haiber
Herstellung: Katja Schumann
Umschlaggestaltung:
Künkel – Büro für Gestaltung
mit einer Illustration von Bettina Kumpe
Layout und Satz: VISIO Kommunikation GmbH, Bielefeld; Satzteam Bleifrei, Hildesheim
Druck und Bindung: Westermann Druck GmbH, Braunschweig

ISBN 978-3-507-**49443**-5

Zum Sprachbuch 3 gehören

Arbeitsheft 3	978-3-507-49447-3
Lehrermaterialien 3	978-3-507-49452-7
Kopiervorlagen 3	978-3-507-49455-8
Digitales Schulbuch 3	978-3-507-42546-0
Digitale Lehrermaterialien 3 mit E-Book	978-3-507-49458-9
Förderheft 3	978-3-507-49464-0
Forderkartei 3	978-3-507-49467-1
Arbeitsheft inklusiv 3	978-3-507-49473-2
Interaktive Tafelbilder CDR 3	
Einzelplatzlizenz	978-3-507-49476-3
Schullizenz	978-3-507-49479-4
Lernsoftware 3 Download (Windows)	web-507-49482
Lernsoftware 3 Download (Mac)	web-507-49485
Lernsoftware 3 Download Netzwerklizenz (Windows und Mac)	web-507-49440

Weitere Informationen und die Pusteblume-App3 finden sie unter **westermann.de/pusteblume**.

Lesebuch 3	978-3-507-49493-0
Lehrermaterialen 3	978-3-507-49496-1
Kopiervorlagen 3	978-3-507-49499-2
Hör-CD 3	978-3-507-49505-0

Bildquellen

|alamy images, Abingdon/Oxfordshire: imageBROKER 136.3; Richard G. Bingham II 136.4. |Dietl, Erhard, München: 140. |fotolia.com, New York: 3dsculptor 100.1; Benshot 110.3; Dario Lo Presti 103.4; fotobeam.de 101.1; georgeion88 103.3; jillchen 110.1; Lisa F. Young 101.2; Sergii Mostovyi 118.3; Simone van den Berg 118.4; trinetuzun 110.2; Tyler Olson 136.2; UbjsP 101.3; vencav 103.2; WavebreakMedia-Micro 136.1. |fragFINN e.V., Berlin: 13.1. |Franckh-Kosmos Verlags-GmbH & Co. KG, Stuttgart: Die drei ??? Kids - Alarm im Dinopark 137.1. |Interfoto, München: TV-Yesterday 129.2. |iStockphoto.com, Calgary: 101.4; Kim Bunker 123.2. |Kunsch, Wolfgang, Harpstedt: 6, 6, 6. |mauritius images GmbH, Mittenwald: age 123.3; age fotostock 118.2. |OKAPIA KG - Michael Grzimek & Co., Frankfurt/M.: Francis 127.2; NAS/Ellis, Richard 47.2, 122. |PantherMedia GmbH (panthermedia.net), München: 112.1, 112.2, 112.3. |Peter Hammer Verlag GmbH, Wuppertal: Nadia Budde: Trauriger Tiger toastet Tomaten 33. |Picture-Alliance GmbH, Frankfurt/M.: EUMETSAT / DWD 100; Reinhard Dirscherl 122.1; WILDLIFE 126.1; WILDLIFE/M. Carwardine 127.1. |Schössow, Birgit; www.birgit-schoessow.de, Bistensee: 145.1. |Shutterstock.com, New York: alekss-sp 13.6, 14, 118; j-paul 103.1; jugky61 118.5; littleny 118.1; qvist 129.3. |Tierbildarchiv Angermayer, Holzkirchen: 127.3. |Verlag Friedrich Oetinger GmbH, Hamburg: Erhard Dietl: Die Olchis fliegen zum Mond 138.1; Erhard Dietl: Die Olchis und der Geist der blauen Berge 139.1. |WaterFrame, München: Masa Ushioda 12.1, 14, 123. |Weisflog, Rainer, Cottbus: 112.4. |wikimedia. commons: 129, 129.

Wir arbeiten sehr sorgfältig daran, für alle verwendeten Abbildungen die Rechteinhaberinnen und Rechteinhaber zu ermitteln. Sollte uns dies im Einzelfall nicht vollständig gelungen sein, werden berechtigte Ansprüche selbstverständlich im Rahmen der üblichen Vereinbarungen abgegolten.